本书受到云南省哲学社会科学学术著作出版专项经费资助

财政支出的
非线性效应研究

A STUDY ON THE NONLINEAR EFFECT OF
FISCAL EXPENDITURE

邱栎桦 ◎ 著

中国社会科学出版社

图书在版编目(CIP)数据

财政支出的非线性效应研究 / 邱栎桦著 . —北京：中国社会科学出版社，
2018.5

ISBN 978-7-5203-2472-4

Ⅰ.①财… Ⅱ.①邱… Ⅲ.①财政支出-研究 Ⅳ.①F810.45

中国版本图书馆 CIP 数据核字(2018)第 091373 号

出 版 人	赵剑英
责任编辑	任 明
责任校对	夏慧萍
责任印制	李寡寡

出 版	中国社会科学出版社
社 址	北京鼓楼西大街甲 158 号
邮 编	100720
网 址	http://www.csspw.cn
发 行 部	010-84083685
门 市 部	010-84029450
经 销	新华书店及其他书店

印刷装订	北京君升印刷有限公司
版 次	2018 年 5 月第 1 版
印 次	2018 年 5 月第 1 次印刷

开 本	710×1000 1/16
印 张	10
插 页	2
字 数	164 千字
定 价	65.00 元

凡购买中国社会科学出版社图书，如有质量问题请与本社营销中心联系调换
电话：010-84083683

前　　言

2008 年金融危机之后，世界经济处于持续低迷的状态，财政政策的有效性尤其是财政支出的有效性正面临着广泛而强烈的质疑，高额的政府债务成为困扰全世界的一个难题。债务迷雾中各国政策制定者均面临着究竟是采取积极财政还是紧缩财政的两难选择。2012 年以来，我国经济增长也呈现趋势性下滑，经济进入"新常态"，需要继续实施加力增效的积极财政政策刺激经济的增长。由于当前劳动力、实际资金成本和土地等要素价格上涨，资源配置低效和供给需求错配等问题使得改革的矛盾更多指向供给端，化解的方法需要充分利用减税和逆周期增加财政支出为主要手段的积极财政政策。但减税增支的积极财政政策势必会导致财政收支缺口的扩大，使得我国进入财政收入增速趋缓、支出刚性增加和赤字不断扩大的"财政新常态"。在这样的"财政新常态"下，积极财政政策面临着稳定经济增长和防范债务风险的权衡。因此，研究财政支出的有效性，并以此为起点分析财政支出对经济增长、居民消费以及私人投资的非线性效应，具有重要而深远的理论和现实意义。

在研究财政支出与经济增长关系的已有文献中，最具代表性和影响力的是"Armey 曲线"。Armey（1995）在拉弗曲线的基础上构建了"Armey 曲线"，认为财政支出规模与经济增长之间存在一种非对称关系。"Armey 曲线"直观地说明了财政支出与经济增长之间的非线性关系。那么，我国财政支出与经济增长之间是否存在非线性关系？对这一问题的深入研究构成了本书的研究起点和逻辑基础。

本书首先通过分析财政支出对经济增长、居民消费和私人投资的影响及作用机制，提出财政支出存在非线性效应的理论假说，并利用马尔科夫区制模型对假说进行检验；其次，从理论和实证角度分析财政支出对经济增长、居民消费和私人投资的非线性影响，并利用静态和动态面板门槛模型求解财政支出的门槛值；最后，在此基础上，进一步研究财政支出结构对经济增长、居民消费和私人投资的门槛效应，为政府实施积极财政政策进行区间调控提供可借鉴的思路和方法。

全书共设七章，第一章是绪论，主要介绍本书的研究背景和意义、研究框架和内容以及研究方法和不足；第二章是回顾和评述国内外已有相关文献，归纳和总结已有研究的不足，阐述本书研究内容和方法的必要性；第三章是分析财政支出影响经济增长的非线性效应，为后文研究的逻辑起点；第四、五、六章是本书的核心内容，分别研究财政支出及其结构对经济增长、居民消费以及私人投资的门槛效应；第七章主要用于总结全书，并提出对未来研究的展望。

通过上述研究得到以下主要结论：

首先，通过借鉴 Alesina 和 Tabellini（2008）及方红生和张军（2009）的方法分析我国政府在经济衰退期和经济繁荣期的财政行为，研究结论为，基于全国数据的分析表明我国财政支出总体上表现为"逆风向而动"的逆周期财政政策，但基于全国 31 个省份的数据分析却表明我国地方政府财政支出具有明显的不对称性，具体表现为在经济衰退期，地方政府通过加大政府采购、基础设施建设等扩张性的财政支出刺激国内需求，表现出了明显的逆周期特征，而在经济繁荣期却表现为明显的顺周期特征，这意味着无论在经济衰退期还是经济繁荣期，我国地方政府均具有强烈的倾向通过扩张财政支出规模刺激经济。

其次，从理论角度分析财政支出对经济增长、居民消费和私人投资的影响和作用机制，在此基础上提出财政支出对经济增长、私人投资和居民消费均存在非线性效应的理论假说，并以我国 1978—2014 年的时间序列数据为样本，利用马尔科夫区制模型从时间路径上对假说进行检验。研究发现：财政支出与经济增长、居民消费和私人投资的关系均存在着显著的非线性效应，这种非线性影响将财政支出对经济增长、居民消费和私人投资的影响分为两个区制，进一步分析发现，三种影响所对应的时间段在很大程度上是重叠的，在 1993—1996 年，财政支出对居民消费和私人投资均为挤出效应，系数估计值分别为 -0.023 和 -0.067。相应地，财政支出对经济增长的促进作用并不明显且趋于零。在 2008—2014 年，财政支出对居民消费和私人投资均为微弱的挤入效应，系数估计值分别为 0.019 和 0.043。相应地，财政支出对经济增长也有微弱的促进作用，系数值为 0.067。由此可见，当经济处于过热期，通货膨胀持续上升时，财政支出对经济增长的促进作用并不明显；当经济处于低迷期时，财政支出对经济增长具有一定的促进作用。

再次，本书构建数理模型从理论角度分析财政支出对经济增长、居民消费和私人投资的非线性效应，并利用静态面板模型、动态面板模型和空间面板模型从实证角度检验财政支出与经济增长、居民消费和私人投资之间的倒 U 形关系，在此基础上，利用静态和动态面板门槛模型分析了财政支出门槛值。研究发现：促进经济增长、居民消费和私人投资的财政支出门槛值分别为 24.9%、19.1% 和 31.4%；促进经济增长、居民消费和私人投资的财政生产性支出与非生产性支出比例的门槛值分别为 1.307、1.237 和 1.236；促进经济增长、居民消费和私人投资的财政经济性支出与非经济性支出比例的门槛值分别为 0.551、0.564 和 0.541。

最后，由以上分析可知，我国财政支出对经济增长、居民消费和私人投资的门槛值将财政支出规模分为四个区间，当财政支出规模小于 19.1% 时，财政支出对经济增长、居民消费与私人投资均为促进作用，财政支出规模处于安全区；当财政支出规模位于（19.1%，24.9%）时，财政支出对居民消费的影响由挤入效应变为挤出效应，但由于财政支出对私人投资仍有挤入效应，因此，财政支出在这个区间内对经济增长仍然为促进作用，财政支出规模处于轻警区；当财政支出规模位于（24.9%，31.4%）时，虽然财政支出对私人投资仍为挤入效应，但财政支出对经济增长和居民消费的促进作用均为挤出效应，财政支出规模处于中警区；当财政支出规模大于 31.4% 时，财政支出对经济增长、居民消费与私人投资均为挤出效应，此时，财政支出规模处于重警区，应注意不能再盲目扩大财政支出的规模。

博士研究生期间的学习是痛并快乐着的旅程，博士学位论文的写作过程更是艰苦迂回。本书是在博士学位论文的基础上扩展和修改完成的，随着本书最后一个字敲入电脑，曾经的激情、痛苦和快乐一一浮现在眼前，学习过程的艰苦记忆已越来越模糊，更多的感受却是学术和心智上的成长。首先，衷心感谢我的恩师伏润民教授对我的谆谆教诲和悉心关怀。在我的学习过程中，从论文选题、思路设计到文章的撰写与修改，每一个环节无不凝聚着恩师的心血。其次，我要感谢杨先明教授多年来对我的指导和关心，杨老师严谨的治学态度和逻辑严密的研究思路一直不断给我启迪和指导。我还要感谢赵果庆教授的鼓励与指导，从开始着手计量模型的学习，我已习惯了遇到不懂的问题就请教赵老师。无论是英文文献的阅读、模型的构建还是程序的操作，赵老师都给了我悉心的指导和帮助。论文写作里的模型和软件的操作很多都是在赵老师的指导下完成的。最后，特别感谢中国社会科学出版社的任明老师及其同人，他们为本书的出版付出了辛勤的劳动。

财政支出非线性效应的存在性研究、传导机制研究与影响因素研究是一项复杂而具有挑战性的工作，本书仅从理论和实证角度检验了财政支出及其结构对经济增长的影响存在非线性效应，延续本书的研究还需要进行进一步的深入论证与完善，敬请理论界和实践部门给予批评指正。

目　　录

第一章　绪论

第一节　研究背景和意义

一　研究背景

随着改革开放 30 多年来我国经济的飞速增长，诸如生态环境破坏、资源配置不合理等问题也日益累积，最终影响了经济的发展。2014 年以来，作为宏观经济运行风向标的先行指标"克强指数"①呈现趋势性下滑，说明我国经济增长下行趋势明显，经济进入"新常态"。从经济增长层面可以看出，我国经济增长呈现换挡回落现象，经济增长速度由过去 10% 的高速增长挡位转换为 7%—8% 的中高速增长档位，而 2015 年经济增长的速度降至 6.9%，为近 25 年来的最低增长速度。2016 年，经济增长放缓已经成为事实，并将作为"新常态"向未来延续，我国经济短期内仍保持下滑的趋势，中长期内经济增速可能经历一个 L 形增长阶段。从结构层面看，新常态下，经济结构正发生全面、深刻的变化，需要不断优化和升级。从产业结构看，第三产业（服务业）的占比正逐步上升，并在 2013 年首次超过第二产业，2015 年第三产业占国内生产总值比重由 2013 年的 46.1% 上升到 50.5%，首次占据"半壁江山"。新常态下，第三产业占国内生产总值的比重逐年上升是长期趋势。从需求结构看，消费对经济增长的

① "克强指数"指的是英国著名政经杂志《经济学人》于 2010 年将工业用电量新增、银行中长期贷款新增和铁路货运量新增三种经济指标相结合，以时任总理李克强命名的，用于评估中国 GDP 增长量的指标。

贡献率也在逐年上升，消费对经济增长的贡献率由 2012 年的 51.8%
上升到 2015 年的 66.4%，成为经济增长的第一驱动力。从动力层面
看，新常态下，随着劳动、土地和资本等传统要素供给的下降和价格
的上升，传统低要素成本驱动型和投资驱动型的经济发展方式将难以
为继，需要将发展方式转为创新驱动型。从风险层面看，新常态下面
临许多困难和挑战。随着经济增长速度的放缓，地方政府债务风险、
楼市风险和金融风险等长期高速增长所积累的风险正在显性化，人口
老龄化所带来的社会保障问题、国际经济低迷和金融市场动荡加剧对
我国经济的冲击和影响等不利因素使得我国经济在新常态下面临着许
多困难和挑战。

　　随着经济进入新常态，我国财政运行也进入财政收入增速趋缓、支出
刚性增加和财政赤字不断扩大的新常态。随着经济增速的放缓，当前和今
后一段时间内财政收入的增长速度都将放缓，2014 年我国财政收入增长
由 2013 年的 10.1% 下降为 8.6%，财政收入第一次由两位数跌至个位数。
2015 年财政收入增长速度进一步下滑为 8.4%，增速为 1988 年以来的最
低。与财政收入由两位数降为个位数的现况相反，财政支出的增长速度由
个位数增至两位数，2015 年全国一般公共预算支出的增长速度由 2014 年
的 8.2% 上升至 15.8%。其中，中央本级支出增长由 2014 年的 10.2% 上
升至 2015 年的 13.2%，地方财政支出增长由 2014 年的 7.8% 上升至 2015
年的 16.3%。为了发挥财政逆向调整经济的作用，财政支出加足了"油
门"，随着促经济、保民生以及扩大内需等一系列政策的连续出台，财政
支出一直保持刚性增长的态势。在财政收入减速和财政支出增速的压力
下，财政赤字规模不断扩大，2015 年我国财政赤字的规模为 1.62 万亿
元，赤字率由 2014 年的 2.1% 上升至 2.3%。2016 年，受经济下行压力的
影响，我国采取积极的财政政策确保经济运行在合理的区间，财政赤字为
2.18 万亿元，比 2015 年增加 5600 亿元，财政赤字率提高到 3%，其中，
中央财政赤字 1.4 万亿元，地方财政赤字 7800 亿元。

　　我国经济运行进入新常态，而我国的财政体制还停留在老常态，新老
常态之间的矛盾和碰撞是当前的主要问题，为了实现经济转型升级，使经
济增长触底趋稳，需要全面深化改革。2014 年是我国全面深化改革的第

一年，十八届三中全会提出"全面深化改革"的全新主张，全会审议通过了《中共中央关于全面深化改革若干重大问题的决定》。2016 年中央经济工作会议指出，今年我国结构性改革任务艰巨，战略上要坚持稳中求进、把握好节奏和力度，战术上要抓住关键点，主要是抓好去产能、去库存、去杠杆、降成本、补短板五大任务。财政改革作为全面深化改革的重要基础和支柱，应对全面深化改革起到"牛鼻子效应"，到 2016 年财政改革要基本完成税制改革、预算改革和事权与支出责任相匹配这三大重点任务。在此背景下，研究财政支出的非线性效应不仅能加深对财政调整行为的理解，而且能为财政改革提供理论和实证依据。

　　20 世纪 30 年代的经济大萧条后，凯恩斯的相机财政政策在西方国家盛行一时，为西方国家摆脱经济危机立下了汗马功劳。随着 70 年代西方主要发达国家经济滞胀的出现，财政政策的有效性尤其是财政支出的有效性正面临着广泛而强烈的质疑。2008 年金融危机后，高额的政府债务更是成为困扰全世界的一个难题。债务迷雾中各国政策制定者均面临着究竟是采取积极财政刺激还是财政紧缩的两难选择。改革开放后，财政支出作为财政政策调控经济的重要手段，为促进我国经济的高速发展起到了关键性的作用。特别值得一提的是，为应对 1998 年的东南亚金融危机和 2008 年的全球金融危机，以政府支出扩张为主要手段的扩张性财政政策扮演了举足轻重的角色，并且其影响一直延续至今。受经济下行压力的影响，2016 年我国货币政策实施空间有限，需要继续实施加力增效的积极财政政策，由于当前劳动力、实际资金成本和土地等要素价格上行，资源配置低效和供给需求错配等问题使得改革的矛盾更多指向供给端，化解的方法需要充分利用减税和逆周期增加财政支出为主要手段的积极财政政策。但减税增支的积极财政政策势必会导致财政收支缺口的扩大，使得我国财政进入财政收入增速放缓、支出刚性增长和财政赤字扩大的新常态。在这样的"财政新常态"下，积极财政政策面临着稳定经济增长和防范债务风险的权衡。因此，研究财政支出的宏观经济效应，并以此为起点分析财政支出对经济增长、居民消费以及私人投资的非线性影响，具有深远而重要的理论和现实意义。

　　在研究财政支出对经济增长影响的已有文献中，最具代表性的是

"Armey 曲线"。Armey（1995）在拉弗曲线的基础上构建了"Armey 曲线"，认为财政支出规模与经济增长之间存在一种非对称关系。"Armey 曲线"直观地呈现出财政支出规模与经济增长之间的非线性关系。那么，我国财政支出与经济增长之间是否存在非线性关系？对这一问题的深入研究构成了本书的研究起点和逻辑基础。具体来说，本书主要回答如下问题：

第一，财政支出影响经济增长、居民消费和私人投资的作用机制是什么？

第二，财政支出与经济增长、居民消费和私人投资之间是否存在非线性效应？

第三，财政支出对经济增长、居民消费与私人投资的影响是否存在门槛效应？

二　研究意义

金融危机之后，世界经济处于持续低迷的状态，财政政策的有效性尤其是财政支出的有效性正面临着广泛而强烈的质疑，高额的政府债务成为困扰全世界的一个难题。债务迷雾中各国政策制定者均面临着究竟是采取积极财政刺激还是财政紧缩的两难选择。随着全球经济下行压力的增大，我国经济增长也呈现趋势性下滑，经济进入"新常态"。面对短期内经济下滑的趋势，何时能够触底趋稳，取决于作为政府调控经济的重要手段财政政策对供需两端发力和供给侧改革的力度及效果。因此，研究财政支出的有效性以及财政支出对经济增长、居民消费以及私人投资的非线性影响不仅是经济新常态下改革的必然要求，更是实现国民经济持续增长的关键。

随着经济进入新常态，我国财政运行也进入财政收入增速放缓、支出刚性增长、财政赤字不断扩大的新常态。为实现"十三五"时期发展目标，稳定经济增长，需要采用以逆周期增加财政支出和减税为主要手段的积极财政政策。如何打好减税增支的组合拳，使积极财政政策发挥作用具有很强的针对性和现实价值。因此，深入探析财政支出非线性效应以及财政支出的门槛效应，可以为政府实施积极财政政策进行区间调控提供可借鉴的思路和方法。

第二节　研究思路和研究内容

一　研究思路

本书以财政支出的宏观经济效应为切入点，分析财政支出对经济增长、居民消费和私人投资的非线性影响，并在此基础上，进一步分析财政支出对经济增长、居民消费和私人投资的门槛效应，并利用静态和动态面板门槛模型求解财政支出门槛值，研究结构如图1-1所示。

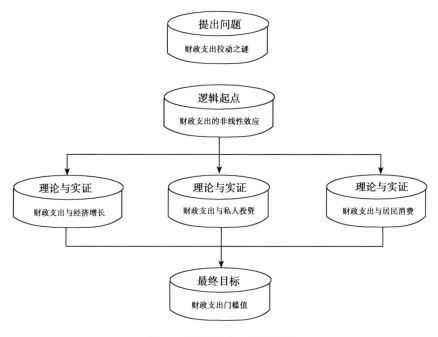

图1-1　研究重点与逻辑结构

二　研究内容

在分析财政支出对经济增长、居民消费和私人投资的影响与作用机制的基础上，首先，提出财政支出存在非线性效应的理论假说，并利用马尔科夫区制模型从时间路径上对假说进行检验；其次，从理论和实证角度分析财政支出对经济增长、居民消费和私人投资的非线性影响，并利用静态和动态面板门槛模型求解财政支出的门槛值；最后，在此基础上，进一步分析财政生产性支出与非生产性支出的比例对经济增长、居民消费和私人投资的门槛效应，为政府实施积极财政政策和改善我国财政支出的效率提供可借鉴的思路和方法。

具体研究内容如下：

第一章，绪论。介绍研究背景和意义、研究内容和框架以及研究方法和不足。

第二章，梳理、归纳和整理国内外有关财政支出及其结构影响经济增长、居民消费和私人投资的基本理论、研究方法及其最新研究动态，并对国内外研究现状进行回顾和评述。

第三章，从分析改革开放后我国财政支出的波动轨迹与特征入手，分析财政支出影响经济增长、居民消费和私人投资的作用机制。在此基础上，提出财政支出存在非线性效应的理论假说并利用马尔科夫区制模型从时间路径上进行实证检验。

第四章，首先，通过在拉姆齐模型的基础上构建数理模型，从理论角度分析财政支出对经济增长的非线性影响，考虑到经济增长具有持续性，利用动态面板模型实证检验财政支出与经济增长之间的倒 U 形关系；其次，利用静态和动态面板门槛模型求解财政支出影响经济增长的门槛值；最后，利用动态面板门槛模型分析财政生产性支出与非生产性支出比例的门槛值和财政经济类支出与非经济类支出比例的门槛值。

第五章，首先，通过构建数理模型从理论角度分析财政支出与居民消费之间的非线性关系，考虑到居民消费具有空间依赖性，利用静态和动态空间面板模型实证检验财政支出与居民消费之间的倒 U 形关系；其次，利用静态和动态面板门槛模型分析财政支出影响居民消费的门槛值；最后，利用动态面板门槛模型分析财政生产性支出与非生产性支出比例的门槛值和财政经济类支出与非经济类支出比例的门槛值。

第六章，首先，通过构建数理模型从理论角度分析财政支出对私人投资的影响，并利用静态面板模型实证检验财政支出与私人投资之间的倒 U 形关系；其次，利用静态面板门槛模型分析促进私人投资的财政支出门槛值；最后，利用静态面板门槛模型分析财政生产性支出与非生产性支出比例的门槛值和财政经济类支出与非经济类支出比例的门槛值。

第七章，总结本书结论的基础上提出相应的政策建议，并展望未来的研究。

第三节　创新与不足

一　主要创新

从已有的研究中可以看出，不论理论分析还是实证分析，财政支出及其结构与经济增长、居民消费和私人投资的关系至今无清晰的结论，缺乏比较系统的理论与实证研究。本书从理论和实证角度系统分析财政支出与经济增长、居民消费和私人投资之间的非线性关系，并利用静态和动态面板门槛模型求解财政支出的门槛值。与之前的研究相比，本书的特色主要表现在以下方面：

第一，回顾目前财政支出对经济增长和居民消费影响的文献可以发现，研究财政支出与经济增长和居民消费之间的非线性关系主要是采用面板平滑转换回归模型（PSTR）和 Hansen 静态面板门槛模型进行分析，较少使用动态面板门槛模型分析财政支出对经济增长和居民消费的影响。由于经济增长和居民消费存在持续性，忽视经济增长和居民消费的动态性将导致结果的不一致，为此，本书借鉴 Hansen 和 Caner（2004）、Kremer（2013）的动态面板门槛方法研究财政支出门槛值。

第二，样本的选取比较全面，本书以全国 1978—2014 年的时间序列数据为样本利用马尔科夫区制模型分析财政支出在时间路径上的动态非线性特征；以全国 31 个省 2007—2014 年的面板数据为样本，利用动态面板模型、空间面板模型以及面板门槛模型分析财政支出的门槛效应。

第三，财政支出的经济效应不但取决于财政支出的绝对规模，还取决于财政支出的结构，同时我国独特的财政分权体制和官员考核制度使得财政支出在结构方面呈现出明显的生产性支出偏向的特征。因此，本书不仅分析了财政生产性支出与非生产性支出的门槛值，还分析了财政经济性支出与非经济性支出的门槛值。

二　主要不足

财政支出非线性效应的存在性研究、传导机制研究与影响因素研究是一项复杂而具有挑战性的工作，本书仅从理论和实证角度检验了财政支出及其结构对经济增长的非线性效应，本书的研究还有待于进一步的深入论证与完善，存在的不足主要有：

第一，本书研究发现财政支出及其结构对经济增长存在非线性效应，但并未对产生非线性效应的原因和作用机理进行进一步的分析和解释。

第二，不同融资方式对财政支出经济效应的影响并不一致，但本书并未进一步分析不同融资方式对财政支出经济效应的影响。

第三，本书实证数据来源于宏观经济数据，主要从宏观角度对财政支出与经济增长的关系进行探讨，但财政支出及其结构的影响也会体现在微观层面，希望未来能通过实际调研从微观角度研究财政支出对经济增长的影响。

第二章　文献回顾与评述

作为调控宏观经济的重要工具，财政支出及其结构的经济效应成为社会各界关注的焦点，国内外学者在该领域做了大量的研究并取得了丰富的理论和实证成果，这也为本书的进一步研究提供了一些可供借鉴的思路与方法。根据本书研究所涉及的核心内容，本章将以财政支出及其结构对经济增长、居民消费和私人投资的影响为主线进行梳理，并对国内外研究现状进行回顾和评述。

第一节　财政支出及其结构的经济增长效应

一　财政支出规模的经济增长效应

财政政策是否有效取决于财政支出的经济效应，即财政支出究竟是促进了经济增长还是阻碍了经济增长？这个问题的答案一直是国内外理论界和实践界争论的热点，自 Wagner（1882）首次探索性地对财政支出与经济增长之间的内在联系加以分析研究以来，众多学者从不同视角运用不同的研究方法对两者的关系进行了理论和实证研究，试图得出该问题的答案，然而不同学者得到的观点和结论仍存在较大分歧和争议。

新古典增长理论在早期并未把财政支出视为内生变量，并且认为外生的财政支出不会影响经济增长的稳态。Arrow 和 Kurz（1970）最早将外生的财政支出纳入生产函数，研究发现其对经济增长的稳态不会产生影响。其后，Barro（1990）首次将财政支出作为内生变量纳入 C—D 生产函数中，通过构建内生增长模型研究财政支出以及财政支出结构的经济效应（即研究将财政支出作为经济增长的内生变量是否会显著影响稳态经济增长率），并从理论角度探讨了最优财政支出规模的存在性。一方面 Barro 的结论非常具有影响力，其研究发现经济增长与政府消费性支出之间存在单调递减关系，即增加政府消费性支出会降低经济增长率及居民储蓄率；另一方面经济增长与政府生产性支出之间存在倒 U 形的关系，即政府生产性支出的增加在短期内会促进经济增长，但从长期看则会阻碍经济增长。基于 Barro（1990）的研究，很多学者利用内生经济增长模型在 Barro 的基础上对相关结论进行了扩展和改进。同时，随着计量方法的改进，大量学者从实证角度检验理论研究的正确性，然而，学者们并没有得到一个统一的令人信服的结论。关于财政支出对经济增长的研究可谓百花争鸣，总结已有文献可以发现，财政支出对经济增长的效应存在三种最具代表性的结论："有益论"、"有害论"和"无影响论"。"有益论"认为财政支出的增长能够扩大需求从而促进经济的增长；"有害论"认为当政府通过征税为不断扩张的财政支出融资时，税收带来的高额扭曲成本将会阻碍经济的增长。"无影响论"认为财政支出并不能影响经济增长。

赞成"有益论"的学者最多。早在内生经济增长理论出现之前，Ram（1986）、Kormendi（1986）分别以 115 个国家 1960—1980 年的数据和 47 个国家的数据为样本，利用传统的最小二乘法研究发现财政支出规模对经济增长具有非常显著的正向拉动作用。Aschauer（1989）则利用新古典模型研究发现财政支出对经济增长具有积极的正向促进作用。Grossman（1988）以澳大利亚为样本研究发现，财政支出增长 1% 将促使经济增长 5%，弥补财政支出所导致的税收增长 1% 将会使经济增长降低 2.6%，因而财政支出促使经济净增长 2.1%。Devarajan、Swaroop 和 Zou（1996）利用 43 个发展中国家 1970—1990 年的数据为样本，研究发现财政支出规模对实际 GDP 的平均增长率具有积极的促进作用。Holmes 和 Hutton（1990）以印度 1950—1981 年的数据为样本，利用多秩 F 检验方法检验财政支出与人均居民收入之间的因果关系，结果显示财政支出会促进居民收入的增加。孔祥利（2005）以我国 1996—2003 年的财政支出与 GDP 的数据为样本，利用斜率关联模型分析发现财政支出对经济增长有非常显著的正向促进作用。陈高和王朝才（2014）以我国 1990—2012 年的省级面板数据为样本，采用线性混合模型实证研究发现非政府部门的要素生产率低于政府部门，我国财政支出对经济增长具有积极的正向拉动作用。

也有部分学者赞同"有害论"。Alchian 和 Demsetz（1972）从理论的角度比较分析政府部门与私人部门的生产效率，他们认为与私人部门相比，政府部门缺乏利润动机、竞争压力和价格信号，导致随着政府部门在经济中所占比重的增加，政府部门的技术、人力资本和物质资本等生产要素的平均收益将下降，这将使得技术进步、人力和物质资本积累的速度下降，最终导致经济增长下滑。因此，政府部门和私人部门相比，政府的生产成本高于私人部门，生产效率是静态低效的。另外，Bailey（1980）的研究结果显示财政支出主要通过公债、税收及向中央银行借款的方式进行融资，这将导致财政支出严重阻碍经济的增长。Landau（1985）和 Karras（1993）的研究结论一致，他们分别利用 104 个国家 1960—1977 年的数据和 37 个国家 1955—1984 年的数据为样本研究发现财政支出规模对经济增长存在明显的阻碍作用。Engen 和 Skinner（1991）以 107 个国家的数据为样本，采用两阶段最小二乘法方法，研究发现财政支出阻碍经济的增长。Yousefi（1998）利用 Granger 因果关系检验韩国财政支出与经济增长的关系，研究表明财政支出不是经济增长的格兰杰原因，财政支出对经济增长具有负效应。Folster 和 Henrekson（2001）以 23 个 OECD 国家和 7 个发展中国家的数据为样本利用传统最小二乘法研究财政支出规模与经济增长之间的关系，结果表明财政支出与经济增长之间存在具有显著的负效应影响。利用随机系数模型，Dar（2002）以 19 个 OECD 国家 1971—1999 年的数据为样本研究财政支出与经济增长之间的关系，结果显示扩张的财政支出规模会加重税负、扭曲市场的激励和影响资本的积累，进而阻碍经济的增长。政府规模越大，全要素生产率与资本生产率相对越弱，因此，与政府规模较小的国家相比，政府规模较大的国家相对而言具有更大的政策性扭曲优势。以上学者的研究均支持财政支出规模的扩张会不利于经济的增长，其不利因素主要有：第一，与私人部门相比，政府部门不但生产效率低而且生产成本较高，因此，随着政府部门在经济中所占比重的增加，人力资本和物质资本积累的速度会下降，最终导致经济增长率下降。第二，随着财政支出规模的扩张，财政支出的效率将会降低，进而影响资源的合理配置，从而降低经济增长。第三，由于弥补财政支出扩张的主要方式为税收、发行债务和货币，高税收将产生税收扭曲成本，通过负财富效应降低居民的可支配收入，从而对居民消费产生挤出效应，进而阻碍经济的增长。而发行高债务则会引起利率的上升从而挤出私人投资。

还有部分学者支持"无影响论"。Kormendi 和 Meguire（1983）以 47个国家 1961—1980 年的面板数据为样本，研究发现财政支出增长率与实际国内生产总值平均增长率之间的关系在统计上并不显著。Levine 和 Renelt（1992）通过敏感性分析发现财政支出与经济增长必须在一系列严格设定的条件下才可能存在统计上的正相关关系。Evans（1997）利用随机增长模型研究发现经济增长与财政支出规模的关系在统计学上并不显著。Conte 和 Darrat（1988）利用格兰杰因果关系检验研究发现在大多数的 OECD 国家，财政支出与经济增长率之间的关系具有格兰杰因果关系。Nelson 和 Singh（1994）以发展中国家 20 世纪 80 年代的数据为样本研究发现，财政支出对经济增长的影响在统计上不显著。钟正生和饶晓辉（2006）以我国 1978—2004 年的数据为样本利用格兰杰因果检验方法检验财政支出规模与经济增长之间的关系，结果表明在样本期间内财政支出并不是经济增长的格兰杰原因，且我国财政支出规模与经济增长之间并不存在倒 U 形关系。贾俊雪、余芽芳和刘静（2011）以我国 1985—2009 年29 个省份的面板数据为样本，利用静态面板、动态空间面板模型实证研究发现，财政支出对区域经济增长无显著的关系。高军和刘博敏（2013）以我国 1985—2010 年的 29 个省级面板数据为样本进行实证分析，研究发现财政支出对经济增长的长期正向作用微乎其微。邓明（2013）以我国1985—2009 年 28 个省的面板数据为样本，利用空间杜宾模型研究发现财政支出与经济增长无显著的统计关系。

非此即彼的观点引起了人们的质疑，越来越多的学者开始从非线性的角度检验财政支出与经济增长的关系，试图证明财政支出最优规模的存在性。Barro（1989）最早从理论的角度阐释分析了最优财政支出规模的存在性，他认为在政府规模从无政府逐步发展为规模较小政府的过程中，为了促进贸易和经济的增长，政府规模将随着公共品投入的增加而增加。此时，财政支出的增加会提高国民收入和促进经济增长。但财政支出的规模并不能无限扩张，当财政支出规模超过一定的"门槛值"后，扩张的财政支出将会降低财政支出的边际效率并导致高税收，从而挤出居民消费，进而对经济增长产生阻碍作用。因此，理论上财政支出对经济增长的影响存在最优财政支出规模，财政支出与经济增长之间为倒 U 形的关系。此后，越来越多的学者在 Barro（1989）的研究基础上进一步应用各种方法分析财政支出规模与经济增长之间的非线性关系。其中，最具有影响力和指导性的是 Armey（1995）在拉弗曲线的基础上构建的"Armey 曲线"，"Armey 曲线"直观说明了经济增长与财政支出规模之间存在着一种非对称的非线性关系。Friedman（1997）的研究结果与 Barro（1989）和 Armey（1995）的观点一致，他认同财政支出对经济增长的作用存在门限效应的观点，并进一步分析指出财政支出影响经济增长的门限值可能在 15%—50% 的国民收入之间。Vedde 和 Gallaway（1998）通过引入二次项对"Armey 曲线"进行拟合测算美国 1947—1997 年的最优财政支出规模。Mourmouras 和 Lee（1999）的研究认为政府公共服务支出对经济增长的影响取决于不同的消费者假设条件。如果消费者是具有无限生命的消费者，政府公共服务的支出对经济增长具有促进作用。如果消费者是具有有限生命的消费者，政府公共服务的支出对经济增长的影响为"驼峰"关系，即随着政府公共服务的不断增加，短期内会促进经济增长，但超过某一临界值后，就会阻碍经济的增长。在理论研究的启发下，很多学者从实证角度验证了财政支出与经济增长之间存在非单调性的特征。Adam 和 Bevan（2001）以 45 个发展中国家的数据为样本，研究发现财政赤字对经济增长存在门槛效应，门槛值为 1.5%。利用门限向量自回归模型，Choi 和 Devereux（2006）以美国数据为样本分析认为财政支出增加对经济增长的影响取决于真实利率的水平。当真实利率较低时，财政支出的增加有利于促进短期经济增长；但当财政支出规模不断扩张导致真实利率上升和政府债务增加时，利率由低利率区间变为高利率区间，财政支出的增加不仅不会刺激经济的增长，还会阻碍经济的增长。与 Choi 和 Devereux（2006）仅仅强调真实利率不同，Wahab（2011）不仅分析了财政支出增长率对经济增长的非线性影响，而且还分析了财政支出趋势增长率的影响，他们的研究表明，当政府投资支出增长率大于其趋势增长率时，就会对经济的增长产生负向的阻碍作用，反之，当政府趋势增长率大于其投资支出增长率时，就会对经济的增长产生积极的促进作用。Konstantinos Angelopoulos 和 Apostolis Philippopoulos（2008）以 64 个国家 1980—2000 年的数据为样本研究财政支出规模对经济增长的影响，结果表明财政支出规模与经济增长之间是否存在非线性效应取决于政府部门财政支出效率的高低。

关于我国财政支出与经济增长关系的研究，国内学者也取得了丰硕的成果，但所得到的财政支出规模和经济增长的结论同样存在着较大的差异。马栓友（2000）认为财政支出规模对经济增长的影响取决于财政支出对总产出的边际效应，而我国财政支出对总支出的边际生产力大于 1，说明增加财政支出对经济增长有促进作用，且财政支出促进经济增长的最优规模为 26.17%。戴广（2004）也得到了类似的结论，他认为经济收敛速度与财政支出规模之间具有倒 U 形的关系。马树才、孙长清（2005）从理论角度构建内生增长模型证明了促进经济增长最优财政支出规模的存在性，并利用协整回归以我国 1978—2000 年的时间序列数据为样本分析促进经济增长的最优财政支出规模，其研究表明我国预算内财政支出占国内生产总值的最优规模是 21.2%，而综合最优财政支出占国内生产总值的最优规模是 24%。张明喜和陈志勇（2005）以我国 1978—2003 年的时间序列数据为样本，采用最小二乘法（OLS）和广义最小二乘法（GLS）在生产函数框架下实证求解财政支出的最优规模，研究发现，在只考虑财政支出的条件下，最优财政支出规模应该是 20%。但是，如果扩大条件，将研究对象扩大到公共支出领域，那么最优财政支出规模应该是 27.9%。计志英（2006）在借鉴 Karrra（1993，1996）的基础上通过构建内生增长模型从理论上证明了促进经济增长的政府最优财政支出规模的存在性，并利用面板固定效应模型以 1994—2003 年 28 个省的面板数据为样本，估算出我国地方政府最优规模为政府消费占国内生产总值比例的 4.70%。李国柱和马树才（2007）则应用时间序列分析研究我国财政支出的最优规模，他们发现政府消费支出占国内生产总值的最优规模为 17.5%。张治觉、侯奔和姚传飞（2007）在家庭和政府资源有约束的假设条件下从理论角度研究得到在平衡增长路径下的最优政府消费和政府投资支出的规模，并应用巴罗法则对我国政府消费性支出的最优规模进行研究，得到最优规模为政府消费性支出占国内生产总值的比例为 21.7%，政府投资性支出的最优规模为占国内生产总值的 8.5%。陈盛通和李建强（2005）以我国台湾为样本利用静态门槛回归模型研究发现，我国台湾地区财政支出与经济增长之间存在门槛效应，并利用计量方法实证分析发现政府总支出占国内生产总值的比重、政府投资支出占国内生产总值的比重和政府消费支出占国内生产总值比重的最优规模分别为 22.8%、7.3% 和 14.98%。刘穷志（2007）在借鉴 Barro 和 Sala-i-martin（1995）模型的基础上，从理论角度构建了公共支出激励自主创新的理论模型，该理论模型从理论角度证明存在一个促进自主创新的最优财政支出规模，其观点表明当政府财政支出规模较小时，财政支出规模的增加能够提供基础设施建设和提高人力和物质资本的公共产品，从而能够激励自主创新进而促进经济增长。但随着财政支出规模的不断扩大，当财政支出规模超过某一最优规模后，财政支出规模的盲目扩大只会使为筹集财政支出而增加的税收成本大于财政支出创造的收益，进而会阻碍经济的增长，并从实证角度证明激励自主创新的财政支出最优规模为科学研究和发展的经费（政府 R&D 经费支出）占国内生产总值的 0.621%。陈建宝和戴平生（2008）以我国 1985—2006 年财政支出与国内生产总值的时间序列数据为样本，并利用我国 2006 年各地区的截面数据通过空间计量模型研究发现，1985—2006 年内我国财政支出与经济增长之间存在倒 U 形关系，且财政支出对经济增长的乘数效应为 4.26。杨苗和刘淼（2008）以我国 1991—2007 年的季度数据为样本，利用 Hansen 的门槛回归模型分析了最优财政支出规模，结果表明我国财政支出占 GDP 的最优财政支出规模为 16.57%。杨友才和赖敏晖（2009）以我国 1994—2005 年 28 个省的面板数据为样本，利用 Hansen 静态面板门槛回归模型，以实际政府财政支出占 GDP 的比例为门槛变量，检验我国政府财政支出规模与经济增长之间的关系，结果显示，我国的政府财政支出规模与经济增长之间存在非线性的"Aremy 曲线"关系，我国最优政府财政支出占国内生产总值的比例为 11.6%。王立勇和刘文革（2009）以我国 1952—2008 年的数据为样本，利用马尔科夫区制转移向量误差修正模型和向量自回归模型研究发现，我国财政政策在样本期间内具有显著的动态非线性效应，在 1952—1982 年、1987—1990 年和 1994—1995 年区制中，受我国存在短缺经济和政府的数量约束等原因影响，财政政策对经济增长具有非凯恩斯效应；而在 1983—1986 年和 1991—1993 年，由于我国经济处于有效需求不足，财政政策对经济增长具有凯恩斯效应。张淑翠（2011）以我国 1997—2009 年省级面板数据为样本，利用面板平滑转移模型分析财政支出与经济增长之间的非线性效应。结果表明，我国省级政府财政一般预算支出最优规模为 9.32%，财政支出最优结构为 1.643。杨子晖（2011）以 1990—2005 年亚洲、欧洲、非洲等 62 个国家和地区为样本利用面板平滑转换回归模型（PSTR）分析政府规模与经济增长的关系。研究发现，税负水平会随着政府规模的扩大而增加，这将使政府支出扩张所产生的负效应逐步凸显，当政府规模超过警戒水平时，"过度拥挤"的政府支出对经济增长的影响将由"挤入效应"转变为"挤出效应"，且政府规模（政府消费占国内生产总值的比例）的警戒水平为 20.54%。

二　财政支出结构的经济增长效应

政府财政支出不仅包括公共服务，还包括科教文卫和消费性转移支付等支出。由于公共服务、科学教育投入和消费性转移支付对经济增长及居民福利的作用机制不同。因而，不同结构的财政支出将对经济增长产生不同的经济效应。Barro（1991）最早将财政支出分为政府投资性支出与政府消费性支出，并以 98 个国家 1970—1985 年的数据为样本，实证发现政府投资性支出与经济增长呈倒 U 形关系，而政府消费性支出虽然能够提高居民的福利水平，但会带来经济增长率的下降。Barro（1990，1991）的研究开创了新的研究思路，很多学者在借鉴 Barro 的基础上，通过建立内生增长模型研究财政支出结构对经济增长的影响，他们认为，政府支出能否促进经济增长关键取决于政府支出是否具有一定的生产性，是否能够为生产过程提供或者转化为某种需要的生产要素。能够满足上述条件的政府生产性支出包括：一是能够直接转化为资本的政府投资支出。二是能够对科学技术研发支出提供资本边际生产率。三是能够有效地提高人力资本相关财政支出，如医疗卫生和教育培训等支出。

此后，研究财政支出结构对经济增长影响的学者借鉴 Barro（1990，1991）研究，也将政府财政支出区分为政府消费性支出和政府生产性支出。他们认为政府消费性支出是一种非生产性的支出，主要用于提高消费者的福利水平，能够直接影响私人部门经济行为的效用，但并不直接影响私人部门的生产能力。而政府生产性支出能够直接影响私人部门的生产能力。然而，学术界对于不同政府支出结构影响经济增长的问题上仍存在争议，甚至出现迥然不同的观点。这些观点可以归纳为以下五种：

第一种观点认为，政府财政生产性支出与经济发展之间存在互补效应，而政府财政消费性支出与经济发展之间存在替代效应。支持该观点的代表性文献有：Asehauer 和 Greenwood（1985）研究发现由于需要增加税收来筹集财政支出所需的资金，因此政府消费性支出虽然会给家庭带来效用，但会挤出民间投资，从而阻碍经济的增长。Grier 和 Tullock（1987）赞同这一观点，认为政府消费支出不利于经济增长，并认为政府的投资性支出与经济增长正相关。Landau（1986）以 65 个发展中国家 1960—1980 年的数据为样本进行回归分析，研究发现财政消费性支出占 GDP 的比重对经济增长有显著的负效应。Grier 和 Tullock（1987）以 115 个国家的数据为样本，在借鉴 Summers 和 Heston（1984）研究基础上，利用时间序列和横截面混合数据研究发现，政府的投资性支出（如基础设施建设等）对经济增长具有积极的促进作用，同时，政府消费性支出占 GDP 比重的增长率对 GDP 增长率存在负面影响，但这个结果只在 24 个 OECD 国家具有显著性。Barth 和 Bradley（1987）以 16 个 OECD 国家 1971—1983 年的数据为样本研究政府支出与经济增长的关系，研究发现政府消费支出与经济增长之间存在负相关关系。Aschauer（1989）研究发现不同类型的财政支出对经济增长的影响并不相同，其研究结果表明，政府生产性支出对经济增长率具有积极的正向促进作用，相比政府生产性支出对经济增长的影响，政府消费性支出对经济增长率的作用相对要小得多。Barro（1991）以 98 个国家的数据为样本进行实证分析，其研究结果表明财政生产性支出会促进人均 GDP 的增长，但在统计意义上并不显著。而财政消费性支出的增加则会不利于资源配置，进而明显阻碍人均 GDP 的增加。Barro（1996）以 1960—1990 年 100 个国家的面板数据为样本进行实证研究，其结果表明，政府消费性支出阻碍了经济的增长。通过构建内生增长模型，Turnovsky（1996）从理论角度证明了政府消费性支出对经济增长具有显著的负向影响。与 Turnovsky（1996）一致，Knoop（1999）也通过构建内生增长模型研究发现美国政府消费支出占国内生产总值比重对经济增长的影响具有负效应。而美国政府投资支出则对经济增长具有正向效应。此后，Ramirez 和 Nazmi（2003）以拉丁美洲的 9 个发展中国家为样本，研究发现公共的教育和医疗卫生等政府支出对私人资本积累和经济的长期增长具有显著的积极促进作用，而政府的消费性支出则不利于私人投资和经济增长。应用回归分析方法，郭庆旺等（2003）以我国 1978—2001 年的数据为样本研究发现生产性财政支出与经济增长存在互补效应。Gupta 等（2005）以 20 世纪 90 年代 39 个低收入国家为样本研究财政支出结构对经济增长的影响，研究发现如果财政支出主要用于资本和非工资性商品和服务上就会使得产出增加。反之，如果财政支出主要用于政府雇员的工资，就会减低经济增长率。Bose 和 Osborn（2007）以 20 世纪 70 年代和 80 年代 30 个发展中国家的面板数据为样本研究财政支出对经济增长的影响，其研究认为财政投资性支出占国内生产总值的比重与经济增长之间存在明显的互补关系。Goldsmith（2008）从理论角度分析认为政府财政生产性支出与经济增长之间存在互补效应，财政非生产性的消费支出与经济增长为替代效应。孙正（2014）利用 1995—2012 年 26 个省的数据为样本实证研究发现政府生产性支出对经济增长有积极的正向促进作用，非生产性支出对经济增长有一定的阻碍作用。

第二种观点与第一种观点正好相反，认为财政生产性支出与经济增长存在替代效应，财政消费性支出与经济增长存在互补效应。代表性文献有：Rubinson（1977）以多国数据为样本实证研究发现政府消费性支出占国内生产总值比重的增加对经济增长存在显著的互补效应。Devarajan、Swaroop 和 Zou（1996）以 43 个发展中国家 20 年的数据为样本进行实证分析，研究发现发展中国家的财政生产性支出占总支出的比重对经济增长具有负面效应，说明扩张性财政政策对经济增长的作用并不如政策预期的那样能够显著促进经济的增长。龚六堂和邹恒甫（2001）以 1970—1994 年 90 个国家的数据为样本研究发现，增加财政经常性支出有利于促进经济的增长，而财政经常性支出与生产性支出的波动则对经济增长具有阻碍作用，且财政生产性支出增加并不会显著影响经济增长。孙长清和赵桂芝等（2004）以我国 1978—2000 年的数据为样本，将财政支出划分为财政投资性支出、生产性财政消费支出和非生产性财政消费支出，利用协整检验研究发现生产性财政消费支出和非生产性财政消费支出与经济增长存在互补效应，而财政投资性支出则与长期经济增长存在替代效应。

第三种观点认为，经济增长与生产性支出和财政消费性支出均存在互补效应。如 Lin（1994）研究得到短期内政府消费支出占国内生产总值的比重和政府非生产性支出占国内生产总值比重与经济增长存在互补效应，考虑到私人投资需求会受到政府投资性支出的刺激，因此，与政府消费性支出相比，政府投资支出与经济增长的互补效应更大。贡慧和陈建安（2012）以日本 1956—2008 年的数据为样本，利用协整分析和 Granger 因果关系检验研究发现日本财政投资性支出和消费性支出均与经济增长存在正向协整的长期稳定关系。

第四种观点认为，生产性支出与经济增长间的关系不显著或不确定。Kormendi 和 Meguire（1985）以第二次世界大战后 47 个国家为样本分析研究了政府的非生产性支出（其中不包括转移支付和公共投资支出，但包含教育及国防等方面的支出）与经济增长的关系，结论显示财政非生产性支出占国内生产总值的比例与实际国内生产总值的平均增长率之间不存在统计上的显著关系。Hulten 和 Schwab（1991）研究发现没有证据显示公共工程方面的政府投资对经济增长率有正向促进作用。此后，Munnell（1992）和 Gramlich（1994）的研究也得到了相同的结论，认为无法确定政府关于公共基础设施方面的投资能促进经济正向增长。Evans（1997）的研究结果同样给出了政府消费占总产出的比重与人均产出的相关性具有不显著性的结论。Levine 和 Renelt（1992）对 119 个样本国家进行了经济增长的回归稳健性分析，结果表明只有满足一系列非常严格和特殊的条件，1960—1989 年的人均实际国内生产总值增长和政府消费支出占国内生产总值的比例在统计意义上呈现显著的相关性。Evnas（1997）利用随机增长模型以 1960—1989 年 92 个国家的数据为样本，研究得到政府消费占总产出的比例是差分平稳的，且人均产出增长与政府消费比重具有不显著相关性的结论。

第五种观点认为，经济增长与政府财政支出存在非线性关系，其中最具代表性的观点是财政支出与经济增长存在倒 U 形的关系。Futagami、Morita 和 Shibata（1993）提出的 FMS 模型认为政府财政支出能否影响经济增长取决于是否改变公共资本存量，政府投入到基础设施等具有正向外部性的投资性支出会对公共资本存量产生累积作用，进而提高潜在的私人部门生产能力。FMS 模型与 Barro 模型的本质区别在于对政府生产性支出的划分不同。Barro 模型中认为财政生产性支出不仅应该包含用于提供公共服务的财政经常性支出，也应该包含用于公共设施建设的财政投资性支出。而 FMS 模型则认为财政生产性支出只是政府公共投资。即使两个模型对政府生产性支出的划分标准不同，Barro 模型和 FMS 模型都得出了财政生产性支出占国内生产总值的比重与经济增长率呈倒 U 形关系的结论。Lin（1994）以 42 个发展中国家和 20 个发达国家为样本，将政府支出分为政府消费支出和政府生产性支出研究发现政府的消费支出和政府非生产性支出对经济增长短期内存在互补效应，但长期内却没有影响。Vedder（1998）利用五种不同形式的财政支出规模对最优政府财政支出规模进行研究，其结果显示政府净支出与经济增长之间存在非线性关系，当政府净投资支出较小时，它能提供经济发展所需的公共物品和私有财产的保护，当政府净投资支出规模过分扩张时，会加重居民税负、挤出私人投资等，这将阻碍经济增长。应用内生经济增长模型，Blankenau 和 Simpson（2004）研究了公共教育支出和经济增长之间的关系，研究结果表明经济增长与公共教育支出之间存在非线性关系，且这种非线性关系取决于税收结构、政府支出规模及生产技术等参数的设定。曾娟红和赵福军（2005）在借鉴 Barro 讨论最优税收结构框架的基础上，利用内生经济增长模型研究发现，与经济增长相适应的最优财政结构为各项财政支出占总支出的比重与相应财政支出边际生产力贡献和财政总支出边际生产力的贡献之比相等的结构。同时，以我国 1980—2000 年的数据为样本利用回归分析实证发现，在我国，国防支出和社会文教支出有利于促进经济增长，而行政管理支出则会阻碍经济增长，我国财政支出结构需要进一步优化。郭庆旺和贾俊雪（2006）将单部门增长模型扩展为两部门增长模型研究公共产品投入和科教投入对经济增长的影响，研究发现当且仅当初始投入较低时公共产品投入和科教投入才能促进经济增长。利用门槛回归方法，陈盛通、李建强（2005）以中国台湾为样本研究指出，在我国台湾地区政府财政支出与经济增长之间存在门槛效应，并且政府的投资支出占国内生产总值的比重和政府消费支出占国内生产总值比重的门限值分别为7.3%和14.98%。齐福全（2007）研究发现在短期内非生产性财政支出的增加对经济增长存在促进作用，但从长期来看却会导致经济增长水平有所降低，而生产性财政支出的增加则会长时期抑制经济增长。利用VAR模型，李春琦和唐哲一（2010）以我国1978—2006年的数据为样本实证研究发现政府行政管理费用支出与私人消费存在挤出效应，而其他诸如政府的社会文教费用支出和补贴性的财政支出与私人消费则存在挤入效应。张淑翠（2011）以我国1997—2009年省级面板数据为样本，利用面板平滑转移模型分析财政生产性支出与非生产性支出的最优结构为1.643。吕志华（2012）将财政支出结构因素引入内生增长模型中分析稳态经济增长率最大化条件下的财政支出最优结构，理论研究发现满足最优财政支出结构条件为各项财政支出的占比与其边际贡献程度成正比。并以我国1995—2009年29个省的面板数据为样本实证研究发现，其中我国财政投资性支出与财政消费性支出的最优比例应为3：7。具有代表性的文献总结如表2-1所示。

表2-1　　　　　　　　　　财政支出门槛效应的代表性文献

作　者	研究样本	主要实证方法	财政支出最优规模
马树才和孙长清（2005）	我国 1978—2000 年时间序列数据	时间序列分析	预算内财政支出占 GDP 的比例为 21.2%，综合最优财政支出占 GDP 的比例为 24%
计志英（2006）	1994—2003 年 28 个省的面板数据	面板固定效应模型	政府消费占 GDP 的比例为 4.7%
杨子晖（2011）	1990—2005 年 62 个国家和地区	面板平滑转换回归模型（PSTR）	政府规模（政府消费占 GDP 的比例）的警戒水平为 20.54%
张明喜和陈志勇（2005）	我国 1978—2003 年时间序列数据	OLS 和 GLS	我国的最优财政支出规模应该是 20%
张淑翠（2011）	1997—2009 年 31 个省级面板数据	面板平滑转移模型	我国省级政府财政一般预算支出规模最优规模 9.32%，财政支出最优结构为 1.643（经济性支出与社会性支出）
杨友才和赖敏晖（2009）	1994—2005 年 28 个省级面板数据	Hansen 静态面板门槛模型	我国最优财政支出规模为 11.6%

续表

作　者	研究样本	主要实证方法	财政支出最优规模
吕志华（2012）	我国 1995—2009 年 29 个省	面板模型	财政投资性支出与财政消费性支出的最优比例应为3∶7
陈盛通和李建强（2005）	以我国台湾为样本	静态面板门槛回归	政府的投资支出占 GDP 比重和政府消费支出占 GDP 比重的门限值分别为 7.3% 和 14.98%

三　文献评述

从上述研究回顾可以发现，国内外学术界关于财政支出与经济增长的研究角度比较多元化，为本书的研究提供了很好的研究思路和深刻的借鉴意义。然而，不论理论分析还是实证分析，财政支出及其结构与经济增长的关系至今没有得到令人信服的结论，不同研究角度得到的研究结论更是迥然不同。各经济学流派关于财政支出对经济增长影响的理论研究包括：新古典财政支出"有害论"、凯恩斯主义的财政支出"有益论"及李嘉图等价性命题的财政支出"无影响论"。这三种代表性的观点均各自拥有大量的支持者，不同的学者从不同的角度对上述三类理论观点进行检验，得到了迥然不同的结论，非此即彼的观点令人觉得武断。那么，财政支出与经济增长的关系非黑即白吗？财政支出与经济增长的关系只存在单调关系吗？本书认为答案是否定的。现有实证研究大多基于财政支出与经济增长的关系是线性的假设，线性模型的假设条件使得财政支出影响经济增长的结论具有单调性，即不论财政支出规模如何变化，财政支出对经济增长的效应是相同的，这一缺陷的存在也使得大部分的实证均支持财政支出与经济增长存在线性关系。近年来，随着研究的深入和计量方法的不断进步，许多学者开始探寻财政支出与经济增长之间的非线性关系，Barro（1989）、Armey（1995）、Choi 和 Devereux（2006）、王立勇和刘文革（2009）、张淑翠（2011）、杨子晖（2011）等学者均得出了财政支出与经济增长之间存在非线性关系的结论，而从非线性的角度分析财政支出与经济增长的关系能更好地拟合现实，解释现实经济状况。因此，目前应用非线性关系研究财政支出与经济增长之间的关系已成为主流方法。

对现有研究结论分析后可以发现，目前关于财政支出以及结构的经济效应的研究取得了丰硕的研究成果，这些研究为本书的进一步研究提供了多样化的视角和研究方法。但总的来说，目前研究结论的分歧性远远大于一致性，这种相异性大致可归结为以下几点：

（1）由于受税收、政府债务等融资方式和利率及居民消费习惯等因素的影响，财政支出规模以及财政支出结构对经济增长的影响均存在不确定性。

（2）实证检验与理论模型并没有达到相互统一和支持，而是存在一定的脱节情况。

（3）回顾目前财政支出与经济增长关系的文献可以发现，研究财政支出与经济增长之间的非线性关系主要是采用面板平滑转换回归模型（PSTR）和 Hansen 静态面板门槛模型进行分析，较少使用动态面板门限模型分析财政支出对经济增长的影响。由于经济增长存在持续性，忽视经济增长的动态性将导致结果的不一致，为此，本书借鉴 Hansen 和 Caner（2004）、Kremer（2013）的动态面板门槛方法研究财政支出门槛值。

第二节　财政支出及其结构的消费效应

一　财政支出规模对居民消费的影响

财政支出对居民消费的影响历来是经济学界关注的焦点之一。然而，不管是理论研究还是实证分析，财政支出对居民消费的影响一直以来悬而未决。传统的凯恩斯理论认为，财政支出在有效需求不足时扩大了社会总需求，增加了国民收入，进而刺激居民消费。而新古典宏观经济学或新凯恩斯主义则认为，财政支出需要向社会融资（征税或发行债务），这将导致税负明显上涨并进而使得财富负效应现象出现，即政府占用了居民一部分的收入，实质上体现为居民减少当期消费，也就是说政府支出挤出了居民消费。此外，由于居民预期未来政府将会增加税收以弥补财政支出增加所发行的债务，这使得居民当期会储蓄部分收入，以便支付到期的政府税收，而保持消费水平不变，因此，李嘉图等价定理认为财政支出与居民消费之间不存在相互影响。

不同经济理论派系对财政支出的理论并不相同，许多学者基于不同的理论构建不同的实证模型，由于实证研究中样本来源的不同和实证方法的不同，导致产生的研究结论彼此之间差异较大，有的结论甚至相悖，这也正是实证研究中财政支出与居民消费之间是替代还是互补关系争论的根源所在，如 Kormendi（1983）利用美国数据检验发现财政支出与居民消费之间存在替代关系，但许多学者对这一结论持反对意见，反对者对 Kormendi 结论的可靠性提出一系列的质疑。那么财政支出与居民消费两者之间的关系究竟是互补还是替代，换句话说，财政支出究竟是挤出还是挤入私人消费？回顾国内外学者关于财政支出影响居民消费的研究，大致有以下三方面的观点：

1. 财政支出与居民消费的关系为互补效应

持此观点的有：Karras（1994）以 1950—1987 年 30 个国家的数据为样本，通过从理论上构建消费函数模型和利用两阶段最小二乘法进行实证研究，结果显示，30 个国家中大部分样本国家的财政支出与居民消费表现为互补关系。此后，Blanchard 和 Perotti（2002）采用 SVAR 模型研究发现战后美国财政支出与居民消费之间存在互补效应。Schclarek（2004）以 1970—2000 年 38 个国家（其中工业化国家与发展中国家各占一半）的面板数据为样本研究政府财政政策对居民消费的影响，研究发现，无论是发展中国家还是工业化国家，财政支出对私人消费存在互补效应。Fatás 和 Mihov（1998）构建一般均衡模型分析 1960—1996 年美国面板数据，研究发现财政支出规模的扩大对居民消费有明显且持续的正向拉动作用。Bouakez 和 Rebei（2007）通过构建简化的 RBC 模型研究发现美国财政支出和私人消费之间具有强互补性。Schclarek（2007）以 40 个各类工业化与发展中国家 1970—2000 年的面板数据为样本研究发现政府消费支出与居民消费之间的关系存在凯恩斯效应，即政府消费支出与居民消费存在互补效应。而 Fiorito 和 Kollintzas（2004）认为不同的公共消费支出类别会对居民消费产生不同的影响，因此，他们将政府消费分为私人服务品和公共服务品，以 12 个欧洲国家的面板数据为样本，利用 GMM 估计方法在持久收入理论下构建实证模型分析发现公共服务品与私人消费之间具有替代效应，而私人服务品与私人消费是互补的关系，并且还发现私人服务品的互补作用要大于公共服务品的替代作用。应用新凯恩斯主义宏观模型，Galí、Salido 和 Vallés（2007）通过引入非竞争性劳动力市场和价格黏性，研究发现财政支出与居民消费存在互补效应的结论。Lopez-Salido 和 Rabanal（2008）通过在动态一般均衡模型中引入消费与劳动效用函数和非李嘉图的消费者，在财政政策外生性的假设下，得到了居民消费会随着财政支出的增加而增加的研究结论。Kuhn（2010）利用价格黏性和泰勒规则分析发现财政支出对居民消费具有互补效应。Alessandro（2010）以意大利 20 个地区 1980—2003 年的数据为样本研究发现，财政支出对居民消费存在明显的促进作用，但这种促进作用随着财政支出规模的扩张而减小。

国内许多学者也对财政支出与居民消费之间的关系进行了深入的研究。综合各类研究结果，可以看到赞成财政支出与居民消费存在互补效应的文献居多，如胡书东（2002）以 1985—2002 年的时间序列数据为样本，研究发现财政支出与居民消费存在互补效应，政府基础设施建设能拉动民间消费。刘溶沧和马栓友（2001）研究指出我国财政支出与社会总需求之间存在互补关系，财政支出的扩张可以刺激内需，进而增加总需求。李广众（2005）研究发现财政支出对居民消费有积极的促进作用，其促进作用主要体现在拉动城镇居民的消费。在 1979—2002 年的时间里，我国财政支出与居民消费关系有所振荡，不具有长期稳定的关系，但在短期内，当财政支出每增长 1 个单位，将使得城镇居民消费增加 1.5—1.8 个单位。因此，财政支出与居民消费之间具有互补效应。李晓芳、高铁梅和梁云芳（2005）以我国 1990—2004 年的数据为样本，利用 SVAR 模型研究样本期间内财政政策的有效性，结果显示财政支出对居民消费有促进作用。潘彬、罗新星和徐选华（2007）以我国 1995—2004 年的时间序列数据和农村居民家庭的微观资料为样本，利用消费函数模型研究发现政府购买支出对居民消费有互补效应，并且互补效应介于 0.2—0.38。李永友和丛树海（2006）从流动性约束的研究视角入手，构建加总的社会消费函数研究发现，改革开放以来，财政政策刺激了国内总需求的增加，对私人部门消费产生了挤入效应。官永彬和张应良（2008）认为我国的财政支出对居民消费具有明显的挤入效应，与财政支出对农村居民的挤入作用相比，财政支出对城镇居民消费的挤入效应相对要更大。李建强（2012）以我国 2007—2010 年的数据为样本，采用随机动态一般均衡模型（DSGE）和面板分位数模型研究发现，总体来看，财政支出结构在长、短期内对居民消费都是挤入效应。孟奎（2012）以我国 1990—2010 年的数据为样本，利用 Engle-Granger 两步法研究发现财政支出对农村居民和城镇居民消费均有挤入作用。汪勇、赵昕东（2014）以 2003—2012 年的季度数据为样本，通过建立 SVAR 模型研究财政支出对城镇、农村居民消费的动态影响，结果表明，财政支出对城镇与农村居民消费的影响明显存在互补效应。

2. 相比之下，支持财政支出与居民消费之间是替代关系的实证研究相对较少

Bailey（1971）通过理论构造有效消费函数发现，财政支出与私人消费之间存在替代效应，一单位的财政支出将会替代 θ（$0<\theta<1$）单位的私人消费。基于 Bailey（1971）的研究，Barro（1981）在拓展财政支出与私人消费的理论研究的基础上，构建了一般均衡宏观经济模型分析发现财政支出的增加短期内会促进产出和消费的暂时增加，但长期来看，财政支出阻碍了产出和消费的增长。Aschauer（1985）以美国 1981—1984 年的季度数据为样本通过构建持久收入决定模型研究发现美国政府的财政支出与私人消费之间存在微弱的替代作用，替代估计值介于 0.23—0.42。Alan（1985）的研究指出美国财政支出挤出了私人在耐用品和服务方面 23%—42% 的消费。通过构建跨期替代模型，Ahmed（1986）研究英国财政支出对居民消费的影响，他的研究表明政府的临时性支出与持久性支出均对居民消费产生挤出效应。Cwik 和 Wieland（2001）关注于欧元区财政支出的外溢性，他们应用一个新的动态随机一般均衡（DSGE）模型进行相关理论和实证研究，得出财政支出对私人消费和投资具有明显的抑制作用。Tsung-wu（2001）以 OECD 24 个工业国家为样本应用面板协整分析了财政支出对居民消费的影响，结果显示两者存在明显的替代效应。Ho（2001）以 24 个 OECD 国家 1981—1997 年的面板数据为样本实证分析发

现，当政府为了弥补财政支出的扩张而增加税收和发行债务融资时，居民会减少当期消费以支付未来的高税收。Ho（2002）以欧洲国家 1981—1997 年的数据为样本利用动态最小二乘法研究发现财政支出挤出了消费。Aristei 和 Pieroni（2008）通过构建条件需求系统模型研究了英国财政支出对居民消费的影响，其结果表明英国财政支出挤出了居民消费。此外，Ramey（2011）也认为财政支出显著挤出了居民消费。

财政支出与居民消费之间具有替代效应的结论在国内也较少出现。黄赜琳（2005）将财政支出作为外生随机冲击变量引入随机动态一般均衡模型中，并进行数值模拟发现改革开放后财政支出与居民消费之间存在替代效应。申琳和马丹（2007）在借鉴 Frenkel 和 Razin（1996）的基础上，以我国 1978—2005 年的数据为样本研究发现，财政支出对居民消费的影响取决于资源撤出和消费倾斜两种渠道的综合影响，资源撤出渠道挤出了居民消费，消费倾斜渠道则挤入了居民消费，正负两种效应相互抵消，最终导致我国居民消费水平下降，说明我国财政支出与居民消费之间存在替代效应。徐忠等（2010）研究发现财政资本性支出会使居民增加储蓄减少当前消费，因此对居民消费具有替代效应。

3. 除了互补和替代效应外，越来越多学者的研究表明，财政支出对经济增长存在非线性作用

在不同假设条件下，财政支出对居民消费的影响将会产生截然相反的两种结论。Kandil（2001）认为当我们假设正的和负的财政支出冲击会使风险厌恶的消费者具有不同的非对称反应，这种非对称效应将会出现于私人消费对财政支出的冲击中。通过利用 1983—1986 年丹麦的数据和 1987—1989 年爱尔兰的数据为样本，Giavazzi 和 Pagano（1990）研究发现，当结构赤字分别下降 9.5% 和 7.2% 的情况下，在上述两个样本期间中，私人消费却分别上升 17.7%。这表明财政政策与私人消费间具有非线性关系。Bertola 和 Drazen（1993）在最优选择问题中对财政政策效应加以研究，他们针对预算约束下的消费行为研究指出财政支出与私人消费之间存在非线性效应，即财政支出占 GDP 的比重存在"触发点"（Trigger Point）。Giavazzi 和 Pagano（1995）以 19 个经济合作组织（OECD）国家数据为样本，研究发现，当政府消费的变化来源于税收和

转移支付的变化时，如果财政政策持续扩张或紧缩的幅度很大时，财政政策对私人消费将产生非线性效应的影响。Amano 和 Wirjanto（1997）在两时期持久收入模型的研究中，从理论角度对期内替代对财政支出与私人消费的跨期替代的影响加以分析，并从实证角度以美国 1953—1994 年的季度数据为样本进行了研究，他们发现，私人消费跨期替代的弹性小于或等于期内替代弹性时，财政支出与私人消费存在替代效应。而跨期替代弹性大于期内替代弹性时，两者存在互补效应。随后，Ho（2001a）以我国台湾 1960—2000 年的数据为样本，通过利用马尔科夫体制转换模型研究发现，在 1980 年以前财政支出对居民消费存在互补效应，但 1980 年后则存在替代效应。谢建国等（2002）在 HoTsung-Wu 跨期替代模型的基础上分析财政支出对居民消费的长短期效应，研究发现在短期内，增加财政支出能够增加总需求，但从长期来看财政支出对居民消费将产生挤出效应。Castro（2003）以西班牙 1980—2001 年各季度数据为样本应用 VAR 分析方法发现政府的财政支出在短期内能增加消费，但从中期和长期看将提高储蓄进而降低消费。Kwan（2006）以东亚九国和地区为样本利用面板协整研究政府消费与私人消费之间的关系，研究发现，虽然政府消费和私人消费间存在显著的正替代弹性，国别差异对两者之间的关系存在显著的影响。应用联立方程模型，Carmignani（2008）研究发现财政支出对居民消费的影响比较复杂，财政支出对私人消费的影响随国别的不同具有不同的影响效应，即在 OECD 国家不存在财政支出的凯恩斯效应。而在转轨国家，财政支出具有凯恩斯效应。Tagkalakis（2008）针对不同经济周期分析财政支出对居民消费的影响。研究表明，与经济扩张时期相比，财政支出增加对居民消费的刺激作用在经济衰退期时表现得更为明显。胡永刚和郭新强（2012）研究指出，我国财政支出与居民总消费有明显的"单驼峰"关系，而与人均消费增速呈现"双驼峰"的关系，这表明客观存在着促进居民消费最大的最优财政支出规模。通过构建包含政府生产性支出存量和流量的内生增长模型并进行数值模拟发现，目前我国财政支出政策对居民消费具有挤入效应，但由于我国财政支出规模已接近客观存在的最优临界点，仅仅依赖于通过增加财政支出拉动居民消费并不可行，必须将优化财政支出结构和提高财政支出效率这两者相结合才能真正促进和刺激居民消费的增长。因为财政支出的增加对居民消费存在挤出和挤入两种截然不同的效应：一种是政府预算在平衡约束之下因为征税所产生的财富负效应；另一种是财政支出提高所产出的生产性正效应。在正效应大于负效应时，扩大财政支出规模将促进居民消费的增长。两种效应的强弱决定了财政支出对居民消费的影响究竟是正向作用还是负向作用。饶晓辉、刘方（2014）在生产函数中引入政府性支出，利用贝叶斯估计不完全竞争下的动态一般均衡模型，研究表明政府生产性支出对居民消费的冲击将会产生短期挤出和长期挤入的效应。

二　财政支出结构对居民消费的影响

很显然，财政支出由不同的支出项目构成，有的支出项目可能有利于居民消费，有的支出项目则不利于居民消费。如果只分析其中的一部分就存在遗漏另一部分的可能。从财政支出结构层面上分析，不同类型的财政支出对居民消费的效应不同，因此，通过研究财政支出结构的消费效应才能全面地分析财政支出结构对居民消费的影响。由于国内外学者对政府支出结构界定口径存在较大的差异，结论相应也存在较大差异。依据不同财政支出结构的划分，财政支出结构对居民消费影响的主要结论有如下几点：

1. 私人消费与政府消费性支出之间存在替代效应，与政府投资性支出之间存在互补效应

王宏利（2006）研究发现不论是短期内还是长期内，财政投资性支出与私人消费之间的关系为互补效应，而财政消费性支出与私人消费则存在替代效应。张治觉和吴定玉（2007）也认同居民消费与政府投资性支出存在替代效应，而转移性支出及政府消费性支出与居民消费存在互补效应。官永彬和张应良（2008）的结论和他们一致，也认为政府转移性支出和投资性支出与居民消费从长期内看存在互补效应，而居民消费与政府消费性支出具有替代效应。应用 IMF 宏观经济的动态随机一般均衡模型，Freedman 等（2009）发现，在目前的货币政策下如果大多数家庭能维持预算收入约束或者名义利率不变，则财政投资支出的增加能够挤入居民消费，使得短期内政府投资支出将对私人消费有促进作用。杨文芳和方齐云

(2010)、李普亮 (2010)、苑德宇和张静静等 (2010) 的研究认为居民消费与政府消费支出具有挤出效应,而居民消费受经济建设支出的影响较微弱。王立勇和高伟 (2009) 利用我国 1978—2004 年的数据通过构建马尔科夫区制模型研究发现我国财政政策与私人消费之间存在非线性效应关系,在 1978—1980 年和 1984—1997 年两区制中,政府消费与私人消费间存在替代效应,而在 1981—1983 年、1998—2004 年两区制中,私人消费与政府投资之间存在非线性关系,同时,私人消费与政府消费则存在互补效应。孔婷婷和扈文秀 (2015) 以我国 1981—2013 年财政支出的相关数据为样本,通过建立 VAR 模型研究发现,居民消费与政府保障支出、政府消费支出间具有挤入效应,而居民消费与政府投资支出在一定的时滞下具有挤出效应。武晓利和晁江锋 (2014) 在动态随机一般均衡 (DSGE) 模型框架下,将政府消费性支出和转移支付引入家庭部门,将政府投资性支出和服务性支出引入生产部门,并利用贝叶斯估计方法,分析政府消费性支出、转移支付、投资性支出和服务性支出对居民消费的影响与传导机制。结果表明:①政府消费性支出的增加在长期内不仅挤出居民消费,而且将会降低居民消费率。②居民消费受政府转移支付增加有明显刺激作用,两者间具有挤入效应,而且从长期来看对居民消费率有提高作用。③长期来看政府投资性支出的增加与居民消费之间存在互补效应,但短期内可能挤出居民消费。④政府服务性支出的增加能有效挤入居民消费,并在长期内促进居民消费率提高。

2. 民生财政支出与居民消费存在互补效应,而非民生则为替代效应

储德银、闫伟 (2010) 以我国 1995—2007 年 29 个省的面板数据为样本分析居民消费和民生财政支出的关系,通过利用面板模型实证检验发现:城乡居民消费与民生性支出之间存在互补效应。其中,与财政支出对城市居民消费的影响相比,财政支出与农村居民消费的互补效应更为明显。在当前的经济运行环境下,城乡居民消费需求和非民生性支出间的关系并不具有显著的统计关系。易行健和刘胜 (2013) 以 9 个欧盟国家 1996—2009 年的跨国面板数据为样本,利用面板模型考察居民消费行为的影响因素,并在此基础上研究政府消费及民生性财政支出对居民平均消费倾向的影响。其研究结果表明政府消费率的增加会降低居民平均消费倾

向，而民生性财政支出中医疗支出以及社会保障支出对居民平均消费倾向将产生显著的正效应。

3. 经济性支出与居民消费为互补效应，与社会性支出则为替代效应

通过利用误差修正模型，武彦民和张远（2011）研究表明居民消费与经济建设支出和文教科卫支出具有互补效应，而居民消费与社会保障支出和行政支出具有替代效应。陈凯和席晶（2012）以我国1997—2009年29个省的面板数据为样本，利用面板模型实证研究发现地方政府社会性和经济性支出与城镇居民消费之间具有互补效应，与行政管理支出则为替代效应。贺俊和王展（2015）以我国2002—2012年的省级数据为样本，研究发现一般性支出与居民消费为替代效应，而政府经济性支出与居民消费之间为互补效应。

4. 国外学者依据不同的国情，对财政支出结构影响居民消费的机制有不同的理解

Fiorito和Kollintzas（2004）将政府消费支出划分为价值商品支出和公共商品支出，以12个欧洲国家的面板数据为样本利用GMM估计研究发现居民消费与价值商品之间具有挤入效应，而私人消费与公共商品之间具有挤出效应。利用动态随机一般均衡模型（DSGE），Forni等（2009）在考虑非李嘉图式的消费者存在的基础上，细分了扭曲性税收，并将财政支出划分为转移支付、补贴公共就业支出、购买商品和服务支出。在此基础上，他们得出了私人消费受政府购买商品和补贴公共就业支出与服务支出的影响具有短期微弱的挤入效应，而转移支付的冲击对私人消费具有连续的正向影响。Ganelli（2010）将政府消费支出区分为政府雇用支出和非雇用工资支出，他认为政府雇用支出的永久性降低将会增长私人消费。

具有代表性的文献如表2-2所示。

表2-2　　　　　　我国财政支出影响居民消费的代表性文献

作者	研究结论
王玉凤、刘树林（2015）	若生产性财政支出冲击的强度大于消费性财政支出，互补
孔婷婷、扈文秀（2015）	消费支出、政府保障支出：互补效应；投资支出：替代效应
毛军、王蓓（2015）	民生性支出：互补效应；消费性支出：替代

续表

作者	研究结论
肖建华、黄蕾、肖文军（2015）	教育支出、医疗卫生支出：互补；社会保障和就业支出：替代
吴昊、李育冬（2014）	消费性支出：替代；经济建设支出由促进转为抑制；转移性支出互补；文教科研支出不显著
刘志忠、吴飞（2014）	民生财政支出：互补
方福前（2014）	行政管理费、经济建设费支出：替代；社会文教费支出、国防费支出：互补对农村居民消费则相反
邱桂杰、于淼（2014）	短期和长期：互补
韩心灵（2014）	互补
李晓嘉（2014）	互补
彭晓莲、李玉双（2013）	消费：替代；总产出：互补
武晓利、晁江锋（2013）	替代
张少华（2013）	互补
晏艳阳、宋美喆（2013）	互补
李晓嘉、钟颖（2013）	互补
杨智峰、陈霜华、吴化斌（2013）	互补
张荣霞、何影、史晓丹（2013）	互补
易行健、刘胜、杨碧云（2013）	民生性财政支出：互补
李晓嘉（2013）	社会保障支出：互补
张治觉、陈雨湖、张亮亮（2013）	人均收入、政府民生支出：互补；基本建设支出、行政管理支出：替代
刘志忠、吴飞、周庭芳（2012）	互补
冉光和、杨守鸿、冯佳文（2012）	互补
李普亮（2010）	当期的生产性投入：替代；滞后一期：互补
李春琦、唐哲一（2010）	政府的行政管理费用：替代；政府的经济建设支出以及其他补贴性的财政支出：互补
姜洋、邓翔（2009）	替代
杨子晖、温雪莲、陈浪南（2009）	互补
王立勇、高伟（2009）	分为互补、替代两个阶段
王宏利（2006）	政府投资在促进居民消费的效果要好于政府消费
贝利（1971）	替代（可能）挤出

续表

作者	研究结论
克尔门迪（1983）	替代
阿肖尔（1985）	替代
艾哈迈德（1986）	替代
比恩（1986）	替代
阿马努（1997）	替代
何（2001）	替代
巴罗（1981）	短期互补，长期替代

三　文献评述

从国内外研究的现状来看，众多学者从不同的角度研究了财政支出及其结构对居民消费的影响，他们的研究结果显示财政支出及其结构对居民消费的影响随着研究角度和研究对象的不同显现出迥然不同的结论。总的来说，已有研究结论的分歧性远大于一致性，可大致总结为：（1）财政支出影响居民消费的观点按照传统的理论分为替代型、互补型和无影响型，财政支出对居民消费的影响不仅取决于财政支出对居民可支配收入以及真实工资的影响，还取决于财政支出的融资方式。（2）由于选取样本与模型的不同，研究结论在实证方面也大相径庭，关于财政支出与居民消费的研究长期处于互补关系与替代关系的争议之中。（3）学者们依据不同价值取向和对现实经济理解的不同，对财政支出的结构也产生了不同的划分方法，这也导致了财政支出结构对居民消费影响的结论也大相径庭。

目前关于财政支出与居民消费关系的研究已经取得了巨大的成就，但由于研究结论存在不一致性，本书进一步从以下角度扩展财政支出及其结构影响居民消费的研究。

首先，从已有文献的实证方法可以发现，大多数研究结果采用不变参数模型分析财政支出与居民消费之间的关系，这种研究方法的缺陷是没有考虑到财政支出对居民消费的影响具有随着时间变动而变动的时变性特征。不变参数模型在样本期内的均值、方差等数值特征通常是保持不变的，而这种假定对于经济周期的刻画就存在一定的缺陷，当宏观经济形势或是宏观经济政策发生变化时，各个经济变量之间的关系也会相应地随之变化，进而使得数据的估计结果也相应地发生改变。如果采取不变参数的模型进行估计，可能会使研究结果与经济现实之间有所偏离。

其次，虽然各省的居民消费水平由于经济发展和风俗习惯的不同而存在差异，但地域的相近使得各省之间存在紧密的联系，正如 Tobler（1979）所言，所有事物都与其他事物相关，并且距离较近的事物比较远的事物更相关。因此，各省间的居民消费行为存在一定程度的空间相关性，忽略空间效应将使得经典的计量模型估计参数有偏或无效，因此，本书使用空间面板模型分析财政支出对居民消费的影响。

最后，财政支出对居民消费的影响不仅取决于财政支出的规模，而且取决于财政支出的结构，同时，我国独特的财政分权体制和官员考核制度使得财政支出在结构方面呈现出明显的生产性支出偏向的特征。因此，需要进一步分析财政支出结构对居民消费的影响，本书不仅分析了财政生产性支出与非生产性支出比例的门槛值，还分析了财政经济性支出与非经济性支出比例的门槛值。

第三节　财政支出及其结构的投资效应

一　财政支出及其结构对私人投资的影响

学术界关于财政支出对私人投资的影响也一直存在较大的争议，同样存在"挤入效应"、"挤出效应"和"无效应"之争。而其中大多数的研究支持财政支出不利于私人投资的观点。具体来讲，支持财政支出不利于私人投资的观点中最具影响力的有：①金融市场机制说。该机制认为当政府通过发行债务为财政支出融资时，财政支出将通过以下两个渠道对私人投资产生挤出效应。首先是资金竞争渠道。当政府通过发行债务为财政支出融资时，政府部门与私人部门在金融市场上会引起借贷资金需求上的竞争，由于政府在资金竞争中占有优势，在有限金融资源的约束下必会导致私人投资资金的短缺，从而对私人投资产生直接挤出效应。其次是利率渠道。当政府发行债务为财政支出融资时，资金需求的上升会引发利率上升，利率的上升将导致私人融资成本的上升从而间接挤出私人投资。②劳动市场机制说，该机制认为财政支出的增加将通过私人部门的工资渠道挤出私人投资。政府部门财政支出的增加会使得劳动需求增加，进而降低私人部门的就业量，从而直接挤出私人投资。同时，政府部门财政支出的增加会使得真实工资上升，这将进一步降低私人部门的资本边际产出和利润，从而间接挤出私人投资。并且根据非凯恩斯主义理论，在短期内，财政政策可以从某种程度上增加需求、产量与就业，但从长期来看，财政支出的扩张仅仅只是替代了某些私人部门的投资。对于 IS-LM 模型这一分析财政支出挤出效应的经典理论框架，其作用机制认为财政支出将会通过利率这一媒介影响私人投资，当政府通过向银行、企业与公众大量借款为扩张的财政支出融资时，政府借贷资金需求的增加不仅会挤占私人部门的资金，而且会导致市场实际利率的上升，最终使私人部门融资成本上升进而挤出私人投资。

近年来，许多学者开始从新的角度研究财政支出及其结构影响私人投资的作用机制。Angeletos 和 Panousi（2007）的研究指出在不完全的竞争市场以及给定的价格水平基础上，不确定性异质性的投资风险使得私人投资对个人财富非常敏感，以一次性给付税收进行融资的永久性政府消费增加会降低可支配收入，这会导致资本的集中度在短期内与长期内减少，从而挤出私人投资。在 Takii（2008）的研究中发现扩张性财政支出将会削弱企业对未来预期的能力，从而挤出私人投资。在实证方面，Karras 等（1994）应用多元线性回归模型研究发现，财政支出效率会随着政府规模的扩大而减低，主要表现在财政支出将从基础设施领域转移到公共服务领域，进而挤出私人投资。在借鉴 Barth（1980）模型的基础上，Ghali（1998）运用多变量协整方法研究发现，如果公共资本财政支出主要依赖于借债融资，则无论短期还是长期财政支出都将挤出私人投资。Mountford 和 Uhlig（2005）利用 VAR 模型以美国为样本、Mitra（2006）利用 SVAR 模型以印度为样本和 Fuceri 和 Sousa（2011）以 145 个国家面板数据为样本也得到相似的结论。此外，Cavallo 和 Daude（2011）以 1980—2006 年 116 个发展中国家的面板数据为样本，利用系统矩估计（SYSGMM）研究发现，公共投资受金融市场准入的限制以及较差制度安排的影响，与私人投资之间存在替代效应。国内学者高铁梅（2002）、楚尔鸣等（2008）和刘忠敏等（2009）也得到相似的结论，他们分别应用状态空间模型、协整检验、误差修正模型和 SVAR 模型等计量模型分析财政支出与私人投资之间的关系，研究结论表明，不论短期还是长期，财政支出与私人投资之间的关系存在替代效应。张勇和古明明（2011）在考虑预算外投资和国企投资的前提下，对财政支出和私人投资重新进行了分解与估算，并利用新古典投资模型分析了财政支出对私人投资的影响，其研究结果表明公共投资挤出了私人投资。

　　与此相反，也有大量理论研究支持财政支出有利于私人投资的观点。财政支出对私人投资的积极作用机制可总结为：①财政支出的正外部性，政府部门对基础设施等公共品的投资和对教育等人力资本的投资能够有效改善私人投资的环境和提高私人投资的边际生产力，降低私人投资的成本和提高私人投资的利润，对私人部门具有正的外部性。②财政支出的乘数效应性，按照凯恩斯的乘数效应理论，财政支出的增加会带动国内需求的增加，进而激励私人投资的增加。凯恩斯学派认为，当经济处于有效需求不足时，经济将持续处于低于充分就业的状态，此时增加财政支出会大幅提高总需求和总产出，但总需求和总产出的增量主要取决于财政支出对私人投资的影响。Ram（1986）研究发现财政支出规模和私人投资之间存在互补效应，原因包括两个方面：第一，财政支出规模的扩大可以保障私人财产；第二，财政支出提供交通、能源和市政建设等公共物品能够有效改善投资环境，从而挤入私人投资。Rodrik（1991）的研究指出，由于政府对交通、能源和通信等公共服务品的投资会形成生产性公共资本，不仅能够刺激总需求而且能够改善私人投资的环境，这将提高私人投资的生产力和降低私人投资的成本，因此，财政支出不仅可以促进居民消费，还可以促进私人投资的增长。与 Rodrik（1991）一致，Lin（1994）认为准公共产品不仅能平滑经济的增长，而且能够改善私人投资的环境，对私人投资具有正外部效应，当政府投资大部分形成准公共产品时，将会促进私人投资的增长。应用多元回归、面板数据和面板 VAR 模型等计量方法，Aschauer（1989）、Fisher 和 Turnovshy（1993）、Blanchard 和 Perotti（2002）、Afonso 等（2009）学者对发达国家研究也得到了相似的结论。

Escriba 和 Murgui（2009）以西班牙 1980—2000 年的面板数据为样本，利用差分矩估计（DIF-GMM）和系统矩估计（SYS-GMM）研究发现地方公共基础设施投资与工业投资正相关。国内学者支持财政支出挤入私人投资的学者也不少，刘溶沧等（2001）研究指出我国财政支出的正外部性使得财政支出与私人投资为互补效应。中国社会科学院财贸经济研究所课题组（2003）研究发现我国政府在 1997 年亚洲金融危机后所采取的财政政策，对投资、出口与消费等都有极为明显的互补效应。应用回归分析方法，郭庆旺和贾俊雪（2005）针对我国 1978—2003 年的数据，应用向量自回归与脉冲响应函数分析财政支出对民间投资的动态影响，他们认为我国财政投资对民间投资的拉动效应很强且具有时滞较短、持续时间相对较长的特性。通过构建 VAR 模型，吴鸿鹏和刘璐（2007）分析发现 1998 年以来实施的积极财政政策对私人投资有挤入效应，但从长期来看，这种挤入效应正逐步趋向变缓。

除上述两种主流的观点外，近年来越来越多的学者倾向于采用另一种思路研究财政支出对私人投资的影响，他们认为，由于经济运行周期不同、财政支出融资方式不同以及财政支出结构差异，导致财政支出对私人投资的影响并不是简单的单调上升或单调下降的线性关系，而是较为复杂的非线性关系。Sutherland（1997）的研究结论和陈浪南和杨子晖（2007）一致，他们从理论角度分析发现当政府适度规模地发行债务时，财政支出与私人投资为互补效应，而当政府的债务融资超出适度规模时，财政支出与私人投资的关系转为替代效应。以 1950—2001 年斐济的时间序列数据为样本，Narayan（2004）利用误差修正模型研究发现，1976—2001 年政府投资与私人投资之间的互补关系相比 1950—1975 年较为微弱。董秀良、薛丰慧和吴仁水（2006）以我国 1996—2003 年的季度数据为样本，利用误差修正模型、协整检验及 VAR 模型等动态计量经济学方法研究发现，短期内财政支出与私人投资具有替代效应，长期内则表现为互补效应。利用美国经验数据，Goldsmith（2008）实证研究发现短期内财政支出与私人投资为互补效应，长期内则为替代效应。利用时变参数模型，李树培和魏下海（2009）分析了改革开放以来私人投资对财政支出的影响，他们认为我国财政支出与私人投资为互补效应，且这种互补效应呈现明显的倒 V 形轨迹。Leeper、Michael 和 Nora（2009）则研究发现在短期内，政府投资的增加与私人投资为替代效应，而从长期来看替代效应并不显著。郑群峰和王迪（2011）在构建动态调整模型的基础上，以我国 2000—2008 年的数据为样本并运用空间计量方法研究发现，除 2003 年政府支出挤出了私人投资外，其余年份财政支出均挤入了私人投资。帅雯君、董秀良和胡淳（2013）以我国 1990—2012 年的季度数据为样本，利用协整模型和 MS-VECM 模型研究发现，长期内财政支出对私人投资表现为挤入效应，但在经济发展的不同阶段，财政支出对私人投资的影响表现为挤出效应和挤入效应交替的区制转移特征。利用区制转移模型与离散选择模型，王立勇和毕然（2014）以我国 1981—2011 年的数据为样本，发现我国财政政策对私人投资存在显著的非线性效应，在区制 1 中，R&D 投资、基础设施建设和教育支出显著挤入了私人投资，而社会保障支出与政府消费挤出私人投资；在区制 2 中，R&D 投资、基础设施建设和教育支出对私人投资的影响不显著，社会保障支出和政府消费对私人投资的挤出效应呈现变大的趋势。饶晓辉和刘方（2014）在生产函数中引入政府性支出，利用贝叶斯估计不完全竞争下的动态一般均衡模型，研究发现政府生产性支出冲击对居民消费和私人投资产生短期挤出效应和长期挤入效应。

具有代表性的文献如表 2-3 所示。

表 2-3　　　　　　　　财政支出影响私人投资的代表性文献

作者	研究样本	实证方法	主要结论
Narayan（2004）	1950—2001 年斐济的时间序列数据	ECM 方法	1950—1975 年政府投资挤入了私人投资，1976—2001 年政府投资与私人投资之间存在微弱统计关系
Wang（2005）	1961—2000 年加拿大时间序列数据	协整和 VCE 方法	政府教育和健康支出互补了私人投资，政府资本和基础设施支出替代了私人投资
Escriba、Murgui（2009）	1980—2000 年西班牙面板数据	DIF-GM 和 SYS-GMM 方法	地方公共基础设施挤入了工业投资
Cavallo、Daude（2011）	1980—2006 年 116 个发展中国家的面板数据	SYS-GMM 方法	公共投资与私人投资之间为替代效应

续表

作者	研究样本	实证方法	主要结论
郭庆旺、贾俊雪（2005）	1978—2003 年我国时间序列数据	向量自回归和脉冲响应函数	我国财政投资与民间投资存在较强的互补效应
董秀良、薛丰慧、吴仁水（2006）	1996—2003 年我国季度数据	协整检验和 VAR 模型	短期内财政支出与私人投资为替代效应，而长期则为互补效应
郑群峰、王迪（2011）	2000—2008 年我国数据	空间自回归方法	除 2003 年以外，其余年份财政支出互补私人投资
王立勇、毕然（2014）	1981—2011 年我国时间序列数据	区制转移模型和离散选择模型	我国财政政策与私人投资之间存在显著的非线性关系

二 文献评述

从国内外的情况看，针对财政支出及其结构对私人投资效应的研究取得了丰硕的成果，并为本文研究的开展奠定了可供借鉴的研究思路、方法。但这些研究的一个突出问题是结论并不一致，且差异性较大。学术界长期处于"财政支出及其结构对私人投资具有挤入效应"、"财政支出及其结构对私人投资具有挤出效应"和"财政支出及其结构对私人投资无效应"之争，说明已有文献的研究思路与方法在不同的程度上有待于进一步的完善和改进。通过文献回顾可以看出，国内外学者关于财政支出对私人投资影响效应的相关研究还存在以下需要改进和完善的空间。

（1）理论模型和实证检验没有达到互相统一和支持，而是相互脱节。

（2）实证检验大多使用面板数据模型、VAR 和 SVAR 等方法，这些方法并不能充分挖掘财政支出对私人投资影响的本质特征，导致结论的可靠性需要进一步的检验。

（3）财政支出结构界定口径存在较大的差异，导致研究结论也存在较大差异。

（4）由于融资方式和经济运行周期的不同，学者们认为财政支出及其结构对私人投资的影响并不是单调上升或单调下降的线性关系，即财政支出结构并不是单一的挤入效应、挤出效应或无效应。随着研究的深入和计量方法的不断完善，越来越多的学者倾向于认为财政支出及其结构对私人投资存在非线性效应。

针对上述问题，首先，本书在分析财政支出影响私人投资的基础上，提出财政支出对私人投资存在非线性效应的理论假说，并利用马尔科夫区制模型从时间路径上对假说进行检验；其次，从理论和实证角度检验财政支出对私人投资的门槛效应，并利用静态面板门槛模型求解财政支出的门槛值；最后，在此基础上，进一步研究财政支出结构对私人投资的门槛效应，为政府实施积极财政政策和改善我国财政支出的效率提供可借鉴的思路和方法。

第三章 财政支出对经济增长的
非线性影响

新中国成立以来，我国财政改革经历了以巩固国家政权和奠定经济基础为主要任务的计划经济时期（1949—1978），逐步发展和完善与市场经济体制改革相适应的市场经济体制改革时期（1978—2013），再到与国家治理相匹配的现代化时期（2014年至今），财政作为国家治理的基础和重要支柱，在弥补"市场失灵"、维护社会稳定和逆周期操作等方面发挥了重要的作用。然而，随着改革开放30多年来经济飞速增长积累下来的诸多问题，如生态环境被破坏、资源配置不合理等问题的日益突出，我国经济增长也呈现趋势性下滑，经济进入"新常态"。相应地，我国财政运行也进入财政收入增速放缓、支出刚性增长、财政赤字扩大的新常态，为实现"十三五"时期发展目标，破解发展难题，需要采用以逆周期增加财政支出和减税为主要手段的积极财政政策。如何打好减税增支的组合拳，需要回顾和分析我国改革开放以来的财政经济运行特征。同时，考虑到改革开放前后我国的经济体制和财政体制存在明显的差异，本书仅以改革开放后的宏观经济年度数据（1978—2014）为样本进行分析，主要分析以下两个问题：第一，我国财政支出是否存在扩张偏向的行为？第二，财政支出对经济增长、居民消费和私人投资是否存在非线性影响？

第一节 我国政府财政支出扩张偏向行为
的典型事实：基于改革开放38
年历史数据的观察

随着政府职能以及约束政府干预经济制度的变化，财政支出水平也会相应变化（坦齐，2005）。我国的财政分权体制不同于西方财政联邦体制，具有"中国式分权式威权制"的特征。政治集权下的经济分权使得地方政府具有强烈的投资动机，为了政绩不断扩大地方政府的财政支出规模。政治集权背景下的考核机制使得地方政府官员的晋升取决于上级政府对其辖区内经济发展水平的考察，因此，地方官员为了在以 GDP 增长为考核指标的"晋升锦标赛"中获胜，地方政府非常热衷于发展经济。虽然近年来党中央不断改革地方政府官员的考核模式，如在 2000 年对基层领导干部的考核中加入化解不良债务指标，2007 年将污染物减排纳入地方政府绩效评估并强调一票否决制和责任追究制，2013 年中组部规定不能简单把经济总量和增长速度作为干部提拔任用的唯一标准。但在实际工作中，这些政策的收效甚微，GDP 增长率和重要经济指标仍然是地方政府官员考核的关键性指标。原因在于我国是一个发展中国家，发展经济是各级政府的第一要务，在现有财税体制下，地方政府的财政收入不仅取决于中央与地方的收入分成，而且取决于经济发展，因此地方政府具有强烈的发展地方经济的冲动，地方政府之间也展开了"为增长而竞争"的锦标赛（李郇，2013）。为了在包括 GDP、人才、FDI 等方面竞争获胜，财政支出不断扩张。

根据瓦格纳法则，随着市场化、工业化以及城市化的发展，政府职能不仅在原领域内不断强化而且还在新的领域不断增加，政府活动不断扩张所带来的财政支出规模的不断扩大是社会经济发展的一个客观规律。然而，由于我国财政体制是在政治集权背景下建立的，具有经济分权与政治集权紧密结合、财权上移事权下放等独特特征。这意味着需要从这个独特的分权模式出发去寻找我国财政支出的特征与波动轨迹。因此，本部分主要从经济增长的视角分析我国财政支出的特征与波动轨迹。

一　经济增长进程中财政支出的波动轨迹

为分析改革开放以来我国经济发展进程中财政支出的波动与趋势，本书选取我国 1978—2014 年财政支出（CZZC）与国内生产总值（GDP）的时间序列数据进行分析，数据来源于中国统计年鉴和 Wind 数据库。为了消除通货膨胀的影响，利用居民消费者价格指数（CPI）和 GDP 平减指数分别将名义财政支出和名义 GDP 转化为以 1978 年为基期的实际值，并对数据进行了对数化处理，其中，LNGDP 表示实际 GDP 的对数，LNCZZC 表示实际财政支出的对数。

图 3-1 描绘了 1978—2014 年我国实际 GDP 与财政支出的变化趋势，由图 3-1 可知，改革开放以来，我国财政支出规模的增长符合瓦格纳法则，GDP 与财政支出均呈现出上升的增长趋势，但财政支出的增长趋势小于 GDP 的增长。

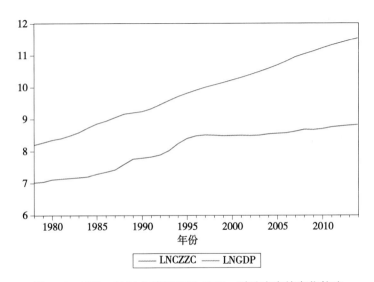

图 3-1　1978—2014 年我国实际 GDP、财政支出的变化轨迹

图 3-2 描绘了 1978—2014 年财政支出占实际 GDP 比例的变动轨迹，由图 3-2 可以看出，改革开放以来，财政支出占 GDP 的比例明显可以分为两个阶段。第一个阶段为 1978—1997 年，1979 年之前，为了从"大跃进"时期的弯路和"文化大革命"爆发所带来的严重灾难中恢复和发展经济，国家采取了高度集中的收支两条线管理，使得财政支出水平在 1969—1979 年稳步上升，1979 年财政支出占 GDP 的比重达到了 31.55%。1979 年之后，随着我国进入由计划经济向市场经济转型的改革开放时期，财政也由之前的高度集中体制转向让利放权，相应地，财政支出也逐步退出传统的资金分配和资源配置领域,这使我国财政支出的规模逐渐缩减，

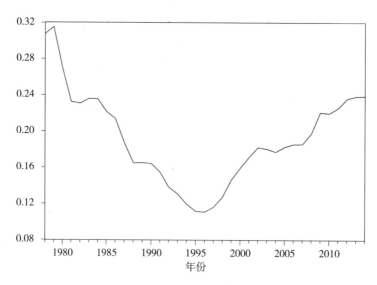

图 3-2　财政支出占 GDP 的比重的变化轨迹

财政支出占 GDP 的比重逐步下降，在 1996 年达到历史最低点 11.1%。第二个阶段为 1998 年至今，随着改革的进一步深入，我国财政支出的重点也逐渐转向民生领域，实施了一系列保障人民群众生活需要和提高人民综合福利水平的民生项目，同时为了应对 1998 年亚洲金融危机、2008 年欧洲经济危机等对我国经济的冲击，国家出台了一系列扩大内需的政策，使得财政支出占 GDP 的比重不断上升，财政支出占 GDP 的比重由 1998 年的 12.7% 上升到 2014 年的 23.8%。

　　为了进一步分析财政支出与经济增长的关系，本书利用 HP 滤波将数据进行周期分解①，消除趋势项后利用周期波动进行分析，图 3-3 描绘了我国财政支出和实际国内生产总值的周期波动。图 3-3 表明，我国财政支出与实际国内生产总值的波动基本同步，二者的波峰和波谷也非常相似，说明经济增长的持续增长，使财政支出得到了较好的财力保障。但同时也会发现，财政支出行为似乎呈现出顺周期特征，在经济繁荣时期，政府仍然通过扩张性财政支出推动经济更快增长；在经济衰退期，政府则倾向于采取消极的财政政策规避风险。那么，我国财政支出行为的变化是顺

---

　　①　由于是年度数据，借鉴国内文献的一般做法，本书将滤波乘子取值为 100。

周期运行的吗？Gavin 和 Perotti（1997）第一个指出拉丁美洲的财政政策是顺周期的，同时，CatÃo 和 Sutton（2002）、Talvi 和 Vegh（2005）、Kaminskiet 等（2004）、Manasse（2005）以及 Alesina 和 Tabellini（2008）都研究发现许多发展中国家的财政政策都是顺周期的。郭庆旺、贾俊雪和刘晓路（2007）利用全国数据为样本发现我国财政支出总体上呈现出"逆风向而动"的逆周期特征。方红生和张军（2009）对我国的现实情况进行了研究，他们认为我国地方政府倾向于执行扩张偏向的财政政策，而不是所谓的顺周期政策。而贾俊雪、郭庆旺和赵旭杰（2012）则认为我国独特的财政分权体制和官员治理制度使得财政支出呈现出显著的全国反周期和省份顺周期的特征。那么，我国的现实情况究竟怎么样呢？为了回答这一问题，本书借鉴 Alesina 和 Tabellini（2008）、方红生和张军（2009）的方法再次考察我国政府在经济衰退期和经济繁荣期的财政行为。与方红生和张军（2009）一致，本书将经济繁荣期定义为产出缺口 gap 大于 0，经济衰退期定义为产出缺口 gap 小于 0，并利用 HP 滤波方法计算产出缺口，在利用 HP 滤波法处理年度数据时，平滑参数 λ 的取值存在较大的争议，Cooley 和 Ohanian（1991）认为平滑参数应该取 400，Backus 和 kehoe（1992）则认为应该取 100，Ravn 和 Uhlig（2002）利用蒙特卡洛实验和频域分析研究发现平滑参数应该取值为数据频率的 4 次方，因此年度数据的平滑参数应该取值为 6.25。[①] 同时，借鉴 Alesina 和 Tabellini（2008）、方红生和张军（2009）分析政府行为的方法，本书用 dgsize 表示财政支出与 GDP 比重的差分，将政府扩张行为定义为财政支出与 GDP 比重的差分 dgsize 大于 0，政府收缩行为定义为财政支出与 GDP 比重的差分 dgsize 小于 0，财政支出与 GDP 比重的差分 dgsize 等于 0 定义为政府的中性行为。

　　根据以上方法和定义，本书利用全国 1978—2014 年的时间序列数据和 31 个省 2007—2014 年的省级面板数据为样本进行考察，结果发现，基于全国 1978—2014 年的时间序列数据共有 37 个观测值，其中，经济繁荣期（产出缺口 gap 大于 0）共有 20 个观测值，在经济繁荣期下执行财政扩张性行为和紧缩性行为的各有 10 个观测值；经济衰退期（产出缺口

---

　　① 本书将 HP 滤波平滑参数 λ 的三种取值均代入进行分析，结果无明显差异，本书分析结果主要采用 6.25。

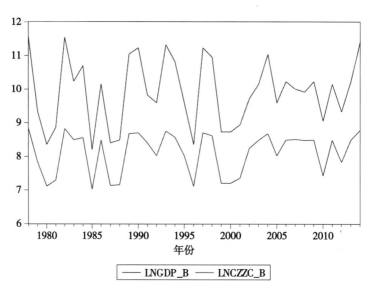

图 3-3　我国 1978—2014 年财政支出与实际 GDP 的周期波动

gap 小于 0）共有 17 个观测值，在经济衰退期下执行财政扩张性行为有 9 个观测值，在经济衰退期下执行紧缩行为的有 8 个观测值。基于我国 31 个省 2007—2014 年的省级面板数据共有 248 个观测值，其中，经济繁荣期（产出缺口 gap 大于 0）共有 109 个观测值，在经济繁荣期下执行财政扩张性行为有 82 个观测值，在经济繁荣期下执行财政紧缩性行为有 27 个观测值；经济衰退期（产出缺口 gap 小于 0）共有 139 个观测值，在经济衰退期下执行财政扩张性行为有 106 个观测值，在经济衰退期下执行财政紧缩行为的有 23 个观测值。详细结果如表 3-1—表 3-4 所示。

表 3-1　　　经济繁荣期下的政府行为（全国数据 1978—2014 年）

dgsize	>0	=0	<0
%	50%（10）		50%（10）

说明：括号中的数据为观测值。

表 3-2　　　经济衰退期下的政府行为（全国数据 1978—2014 年）

dgsize	>0	=0	<0
%	52.9%（9）		47.1%（8）

说明：括号中的数据为观测值。

表 3-3　　　　经济繁荣期下的政府行为（地方政府 2007—2014 年）

dgsize	>0	= 0	<0
%	75.2%（82）		24.8%（27）

说明：括号中的数据为观测值。

表 3-4　　　　经济衰退期下的政府行为（地方政府 2007—2014 年）

dgsize	>0	= 0	<0
%	83.5%（116）		16.5%（23）

说明：括号中的数据为观测值。

由表 3-1 和表 3-3 可知，在经济繁荣期，全国财政支出只有 50% 的概率在执行逆周期的财政行为，还有一半的概率是执行顺周期财政行为。我国地方政府的财政行为则表现出明显的顺周期特征，有 75.2% 的概率在执行扩张性政策，只有 24.8% 的概率在执行紧缩性政策。由表 3-2 和表 3-4 可知，在经济衰退期，全国财政支出的行为相比经济繁荣期表现出较高的逆周期行为，有 52.9% 的概率在执行扩张性财政政策。相比之下，只有 47.1% 的概率执行紧缩性的财政政策，表现出顺周期的特征。和全国的财政行为相比，我国地方政府在经济衰退期表现出明显的逆周期特征，有 83.5% 的概率在执行扩张性财政政策，仅有 16.5% 的概率执行紧缩性政策。由此可见，基于全国数据的分析表明我国财政支出总体上基本呈现"逆风向而动"的逆周期财政政策，但基于全国 31 个省份的数据分析却表明我国财政支出具有明显的不对称性，具体表现为在经济衰退期，地方政府通过加大政府采购、基础设施建设等扩张性的财政政策刺激国内需求，表现出了明显的逆周期特征，而在经济繁荣期却表现为明显的顺周期特征，这意味着无论在经济衰退期还是经济繁荣期，我国地方政府均具有强烈的倾向通过扩张财政支出规模刺激经济。

二　经济增长进程中财政生产性支出的波动轨迹

根据上文的分析，我国地方政府具有较为强烈的财政支出扩张倾向。同时，财政支出的经济效应不仅取决于财政支出的规模，更取决于财政支出的结构。而我国独特的财政分权体制和官员考核制度使得财政支出在结构方面也呈现出明显的生产性支出偏向的特征。政治集权背景下的考核机制使得地方政府官员的晋升取决于上级政府对其辖区内的经济发展水平考察，因此，地方官员为了在以 GDP 增长为考核指标的"晋升锦标赛"中获胜，地方政府非常热衷于发展经济。这使得地方政府的资金主要投入到了交通、能源、市政建设等生产性项目中，医疗卫生和社会保障等非生产性支出方面的资金投入相对较低。因此，为了全面分析财政支出对经济增长的影响，本部分主要分析财政生产性支出的波动轨迹与特征。

按照国内外学者惯用的研究方法，本书将财政支出结构划分为财政生产性支出和非生产性支出。对于生产性财政支出划分，考虑到影响经济增长的三要素为技术进步、人力资本和物质资本，所以本书借鉴赵志耘和吕冰洋（2005）、严成樑和龚六堂（2009）、饶晓辉和刘方（2014）的划分标准，将财政科研支出视为财政对科学研究的投入，财政教育支出视为财政对人力资本的投入，财政基本建设支出视为财政对物质资本的投入，因此，政府财政生产性支出主要包括财政科研支出、财政教育支出和财政基本建设支出。考虑到财政支出项目在 2007 年有所调整，本书对这三项支出进行了重新归类和划分。具体的划分标准如表 3-5 所示。

表 3-5　　　　　　　　　　财政生产性支出与非生产性支出的划分

生产性支出	1. 城乡社区支出；2. 农林水支出；3. 交通运输支出；4. 资源勘探信息等支出；5. 商业服务等支出；6. 金融支出；7. 援助其他地区支出；8. 国土海洋气象等支出；9. 粮油物资储备；10. 国债还本付息支出；11. 其他支出；12. 教育支出；13. 科学技术支出
非生产性支出	1. 文化体育与传媒支出；2. 社会保障和就业支出；3. 医疗卫生与计划生育支出；4. 节能环保支出；5. 住房保障支出；6. 一般公共服务；7. 外交支出；8. 国防支出；9. 公共安全

从 1978 年到 2014 年，政府生产性支出占 GDP 的平均比例为 55.03%，说明我国政府偏好于生产性的财政支出政策，因此本部分主要分析经济增长进程中政府生产性财政支出的波动轨迹。与上文一致，本书选取我国 1978—2014 年财政生产性支出（SCZZC）与国内生产总值（GDP）的时间序列数据进行分析，数据来源于中国统计年鉴和 Wind 数

据库。为了消除通货膨胀的影响，利用居民消费者价格指数（CPI）和
GDP 平减指数分别将名义财政生产性支出和名义 GDP 转化为以 1978 年为
基期的实际值，并对数据进行了对数化处理，其中，LNGDP 表示实际
GDP 的对数，LNSCZZC 表示实际财政生产性支出的对数。图 3-4 描绘了
1978—2014 年我国实际 GDP 与政府财政生产性支出的变化趋势，由图 3-
4 可知，改革开放以来，GDP 与财政生产性支出增长趋势一致，说明改革
开放 30 余年我国经济的快速增长与政府生产性支出的增加密切相关。

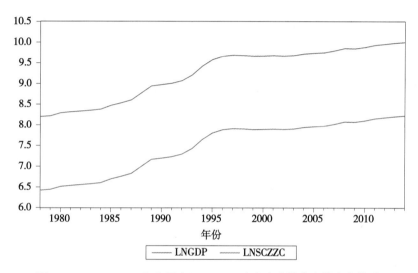

图 3-4　1978—2014 年我国实际 GDP、政府生产性支出的变化轨迹

图 3-5 描绘了 1978—2014 年政府财政生产性支出占实际 GDP 比例的
变动轨迹，由图 3-5 可以看出，改革开放以来，财政生产性支出占 GDP
的比例明显可以分为三个阶段。第一个阶段为 1978—1997 年，1978 年党
的十一届三中全会开启了我国从计划经济向市场经济转型的改革新时期，
与财政支出在这个阶段的变动轨迹相一致，随着财政由中央高度集中转向
简政放权，财政生产性支出的规模也逐渐缩减，1995—1997 年均在 4.1%
左右徘徊。第二个阶段为 1998—2007 年，1997 年亚洲金融危机发生后，
我国经济陷入了通货紧缩的困境。为了应对国内外经济衰退的影响，政府
采取了积极财政政策，使得政府生产性支出在 1998 年后逐步上升，在
1998—2007 年形成了一个阶段性的小周期。第三个阶段为 2008 年至今，
为了应对 2008 年欧洲经济危机等对我国经济的冲击，我国政府实施了 4

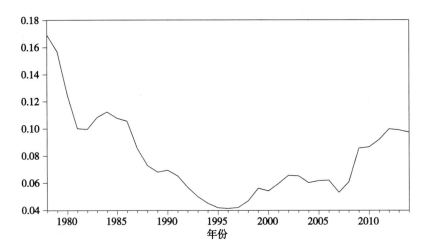

图 3-5　财政生产性支出占 GDP 的比重的变化轨迹

万亿元的经济刺激计划，同时国家出台了一系列政策扩大内需的政策，使得财政生产性支出占 GDP 的比重不断上升。

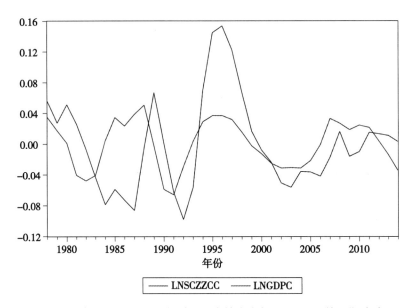

图 3-6　我国 1978—2014 年财政生产性支出与实际 GDP 的周期波动

与上文一致，本文利用 HP 滤波将数据消除趋势项后利用周期波动分析我国实际 GDP 波动与政府生产性支出的波动，图 3-6 描绘了我国财政生产性支出与实际国内生产总值的周期波动。由图3-6可以看出，我国财政生产性支出的波动明显大于实际国内生产总值的波动，从波动同步性来看，从1985年开始，二者的波动方向基本一致，但实际GDP的波动早于政府财政生产性支出的波动，实际GDP波动的波峰和波谷均早于政府生产性支出的波动，从图3-6还可以看出，为了应对1997年亚洲金融危机、2007年欧洲经济危机的冲击，政府生产性支出均在1998年和2008年显著上升，形成明显的高峰，说明政府财政生产性支出对经济增长的影响十分显著。

第二节　财政支出非线性效应的动态时间路径分析

　　财政支出作为财政政策最重要的经济调控手段，主要通过直接或间接地影响宏观经济中的居民消费和私人投资，进而对经济增长产生影响。那么，财政支出对经济增长、居民消费和私人投资的影响效应如何？为回答这一问题，本部分在分析财政支出对经济增长、居民消费和私人投资影响机制的基础上，提出财政支出对经济增长、居民消费和私人投资存在非线性效应的假说，并利用马尔科夫区制模型实证检验财政支出在时间路径上的动态非线性特征。

一　财政支出影响经济增长的动态时间路径分析

1. 理论假说

　　财政支出与经济增长之间的关系一直是学界争论的焦点，大量研究文献表明，财政支出能够通过影响物质资本和人力资本的效率和有效供给，从而间接影响经济增长（Barro，1991；King和Rebelo，1990；Jones、Manuelli和Rossi，1993；Barro和Sala-i-Martin，1995；Mendoza、Milesi-Ferretti和Asea，1997）。财政支出对人力资本积累和物质资本积累的正向促进作用机制为：第一，财政支出能通过影响物质资本和资本的效率来促进经济的快速增长。政府资助的研究与开发以及基础设施等项目的财政支出具有正的外溢效应，能够提高私人资本的生产率。事实研究表明，社会和政治的稳定可以提高私人资本的生产率和增加有效资本供给，因此国防和维护公共安全等方面的财政支出间接影响经济的增长。但由于此类公共产品具有非排他性、非营利性等特点，私人部门很难从这些项目中投资获益。与私人投资不同，政府可以通过强制性征税为这些项目融资。第二，财政支出能促进劳动生产率的提高和增加有效劳动的供给。政府对公民教育和健康的支出能够促进劳动生产率的提高，增加有效劳动的供给从而提高经济增长率。教育的生产和使用存在正的外部性和规模效应，因此教育作为公共品的一种，需要政府弥补市场失灵提供教育与培训。健康方面的支出不仅能减少疾病增加有效劳动的供给，而且能提高接受教育和学习新技术的能力，从而间接地提高经济增长率。

然而，财政支出的效率会随着财政支出规模的扩大而降低，效率低下的财政支出将导致资源浪费和资源配置的不合理，进而对经济增长产生阻碍作用。同时，财政支出的融资方式主要来源于税收、发行债务和货币创造等方式。高税收将产生税收扭曲成本，通过负财富效应降低居民的可支配收入，从而对居民消费产生挤出效应，进而阻碍经济的增长。而发行高债务则会引起利率的上升从而挤出私人投资。税收扭曲成本与高债务将不利于经济的增长。

综合上述分析，本书提出如下理论假说：由于财政支出对经济增长的影响既存在促进效应也存在阻碍效应，从理论上很难辨清两种效应究竟孰强孰弱，现实经济中两种效应同时存在，因此，财政支出与经济增长的关系并不是简单的单调关系，而是非线性关系。

2. 实证检验

为了检验假说，本部分采用马尔科夫向量自回归（MS-VAR）模型进行分析。具体分析方法如下：

（1）方法和数据说明

考虑到本部分主要分析财政支出在时间路径上对经济增长的挤入和挤出效应，借鉴 Hamilton（1989）和 Krolzig（1996，1997）的研究，本书选择两区制马尔科夫向量自回归模型分析财政支出对经济增长的挤入和挤出效应，具体方法如下：

设向量 $y_t = (\text{czzc}, \text{gdp})'$，则模型为 $y_t = a(s_t)y_{t-1} + \varepsilon_t$。其中 a_t 参数

具有区制转移的特征，随着 s_t 取值的变化而变化，s_t 取值为 0 或 1。不可观测的状态变量 s_t 服从遍历不可约的一阶马尔科夫过程，其转移概率 t 时刻开始的概率计算公式为：

$\Pr[s_t = j \mid s_{t-1} = i] = p_{ij}$，且对于所有的时间 t，i，j = 0，1，满足 $\sum_{j=0}^{1} p_{ij} = 0$。

t 时刻开始的概率计算公式为：

$$\Pr[s_t = i \mid \varphi_{t-1}] = \sum_{j=0}^{1} \Pr[s_t = i \mid s_{t-1} = j] \Pr[s_{t-1} = j \mid \varphi_{t-1}]$$

在每一时期的末尾，用以下迭代滤波对期初计算的概率进行修正（Kim 和 Nelson，1999）：

$$\Pr[s_t = i \mid \varphi_{t-1}] = \Pr[s_t = i \mid \varphi_{t-1}, y_t] =$$

$$\frac{f(y_t \mid s_t = i, \varphi_{t-1}) \Pr[s_{t-1} = i \mid \varphi_{t-1}]}{\sum_{i=0}^{1} f(y_t \mid s_t = i, \varphi_{t-1}) \Pr[s_{t-1} = i \mid \varphi_{t-1}]}$$

模型的估计方法为极大似然估计，似然函数为：

$$\text{In}L = \sum_{t=1}^{N} \left\{ \sum_{i=0}^{1} f(y_t \mid s_t = i, \varphi_{t-1}) \Pr[s_{t-1} = i \mid \varphi_{t-1}] \right\}$$

其中，$f(y_t \mid s_t = i, \varphi_{t-1})$ 服从标准正态分布，φ_t 表示直到 t 期的信息集，具体算法由 Hamilton 滤波实现。

本书选取了全国 1978—2014 年的时间序列数据，各原始数据来源于中国统计年鉴和 Wind 数据库。同时，为了消除通货膨胀对变量的影响，利用居民消费者价格指数（CPI）和 GDP 平减指数分别将名义财政支出和名义 GDP 转化为以 1978 年为基期的实际值，并对数据进行了对数化处理。

（2）模型估计

建立 VAR 模型之前，需要对财政支出与经济增长（GDP）进行平稳性检验，检验结果如表 3-6 所示。

表 3-6 　　　　　　　　　　　　　　ADF 检验值

变量	ADF 统计值	5%水平临界值
czzc	−3.211	−3.012
gdp	−4.246	−2.954

　　由表 3-6 的结果可知，ADF 的检验统计量均小于 5% 的临界值，说明拒绝原假设，数据为平稳序列。同时，根据研究目的和 AIC、HQ 及 SC 等信息准则，选定各变量的滞后阶数为 1，即 $q = 2$，$p = 1$。利用 EVIEWS8.0 对模型的常数项和参数进行估计，具体结果如表 3-7 所示。

表 3-7　　　　　　　　　　　　　　　　各变量系数估计

各变量	区制一		区制二	
	系数估计值	T 统计量	系数估计值	T 统计量
c	0.061	3.502	0.104	5.314
Czzc_ 1	0.067	4.365	0.013	3.124
Gdp_ 1	0.316	2.318	0.287	3.126

　　由 LR test 值为 13.352，伴随概率为 0.023 可知，模型存在显著的非线性效应。由表 3-7 可知，我国 1978—2014 年的财政支出明显分为两个区制，在区制一中，财政支出对经济增长的系数估计值为 0.067，说明财政支出对经济增长有促进作用。在区制二中，财政支出的系数估计值为 0.013，说明此时财政支出对经济增长的促进作用逐步减弱。表 3-8 给出了区制转移概率矩阵。

表 3-8　　　　　　　　　　　　　　　　区制转移概率矩阵

	区制一	区制二
区制一	0.728	0.271
区制二	0.133	0.867

　　从表 3-8 中可以看出，两个区制的转移概率分别为 $p_{11} = 0.728$，$p_{22} = 0.867$，说明两个区制都比较稳定。图 3-7 和图 3-8 给出了两个区制的平滑概率分布。

　　由平滑概率分布图可知，财政支出对经济增长的效应显著分为两个区域，在 1979—1982 年、1988—1992 年、1996—2004 年和 2009—2015 年区间里，财政支出对经济增长产生促进作用的概率接近 1。但在 1983—1987 年、1993—1995 年和 2005—2008 年区间里，财政支出对经济增长的促进作用减弱，几乎接近于 0。由此可知，我国财政支出对经济增长存在

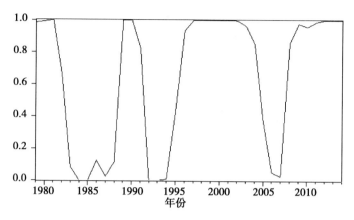

图 3-7　区制一的平滑概率分布

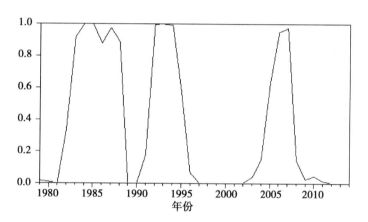

图 3-8　区制二的平滑概率分布

非线性效应，政府不应盲目通过扩大财政支出刺激经济增长。

（3）实证结果分析

本文利用马尔科夫向量自回归（MS-VAR）模型分析财政支出对经济增长的非线性影响，研究发现：财政支出对经济增长的非线性影响分为两个区制，在 1979—1982 年、1988—1992 年、1996—2004 年和 2009—2015年的区制一中，财政支出对经济增长的系数估计值为 0.067，说明财政支出对经济增长有促进作用。在 1983—1987 年、1993—1995 年和 2005—2008 年的区制二中，财政支出的系数估计值为 0.013，说明此时财政支出对经济增长的促进作用逐步减弱。

　　在 1979—1982 年、1988—1992 年、1996—2004 年和 2009—2015 年的区制一中，财政支出对经济增长的影响主要表现为挤入效应，结合我国经济运行的特征和财政政策的实施状况可以发现，这一结果是符合现实经济的。1979—1982 年，是我国由计划经济向市场经济转型的开端时期，财政支出由传统的行政直接干预经济转为间接利用财政政策进行调控，这使得我国财政支出对经济增长具有促进作用。1988—1991 年，为了应对 1985—1988 年的通货膨胀问题，国家对经济进行整顿治理，此时经济陷入低迷阶段，物价相对较低，此时积极财政政策对经济增长具有促进作用。1996—2004 年和 2009—2015 年，为了应对 1997 年"亚洲金融风暴"和 2008 年全球性金融危机对经济增长的负向影响，我国在 1998 年和 2008 年采取了积极财政政策应对危机，尤其是 2009 年我国采取了 4 万亿元的财政支出刺激经济的增长。这段时间，政府通过大规模的财政支出扩大交通、能源和市政建设等基础设施建设，从而对经济增长具有较强的促进作用。由以上分析可知，区制一的明显特征为经济处于低迷期，短期内财政支出的扩张对经济增长具有明显的促进作用。

　　区制二对应的时期区域为 1983—1987 年、1993—1995 年和 2005—2008 年，这三个时间段的特征为经济都处于相对过热期，财政支出对经济增长的促进作用由强变弱，几乎趋近于 0。在 1983—1987 年，由于当时宏观经济政策和货币政策较为宽松，且政府有意识进行价格改革，使这段时间的通货膨胀压力较大，1985—1987 年全国物价水平分别为 9.3%、6.5% 和 7.3%，物价上涨挤出了居民消费，此时财政支出对经济增长的挤入效应较小。自 1992 年邓小平南方谈话后，1993—1995 年投资需求空前高涨，通货膨胀持续上升，我国进入了经济高速增长的快车道，有人形象地将这一期间的经济状况总结为"四热"（开发区热、股票热、房地产热、集资热）、"四高"（高货币和信贷投放、高投资膨胀、高工业增长、高物价上涨）、"四紧"（能源紧张、资金紧张、交通运输紧张、重要原材料紧张）和"一乱"（金融秩序混乱）。为了抑制经济过热，中央采取适度从紧的货币政策和财政政策，因此，这段时间财政支出对经济增长挤入效应也较弱。2005—2008 年，由于经济增长过快和长期的国际顺差，使得我国通货膨胀持续上升，2007 年 6 月居民消费价格指数达到 4.4%。由以上分析可知，区制二的明显特征为经济处于过热期，通货膨胀持续上升，财政支出对经济增长的促进作用并不明显。

二　财政支出影响居民消费的动态时间路径分析

1. 理论假说

财政支出对私人消费影响的作用机制中，最流行的观点是基于新古典模型的负财富效应说，此观点认为如果消费者的行为遵循李嘉图规则，即消费者对当前的可支配收入并不敏感，主要根据恒久收入对消费进行平滑。在生产函数规模报酬不变、弹性价格以及政府部门跨期预算的约束条件下，当政府征税为财政支出融资时，消费者的可支配收入下降，替代效应将使得消费者减少消费。即在其他因素不变时，财政支出的增加意味着收入的减少，从而对居民消费产生挤出效应。

新凯恩斯主义理论则基于逆周期加成、名义刚性和规模报酬递增这三个新凯恩斯式的假设认为，财政支出的增加对居民消费有挤入作用。他们认为在垄断竞争和价格黏性的假设条件下，劳动需求会随着财政支出的增加而增加，这将导致真实工资的上涨。真实工资的上涨意味着消费者当期可支配收入的上升，进而对居民消费产生挤入效应。

由于假设前提的不同，使得二者的结论也不一致。新古典经济学认为财政支出的增加会导致税收的上升，而税收的增加会导致居民可支配收入的下降，进而对居民消费产生挤出效应；而新凯恩斯学派则认为财政支出的增加会导致劳动需求的增加，而劳动需求的增加会导致真实工资的上升，进而对居民消费产生挤入效应。无论是新古典经济学还是新凯恩斯经济学，均有大批的支持者。Khan 等（2003）、Schmitt Grohé 和 Uribe（2007）均认为财政支出会降低可支配收入和真实工资，从而降低居民的消费。与此相反，Blanchard 和 Perotti（2002）、Galí 等（2007）、胡书东（2002）则认为财政支出会促使真实工资的上涨进而促进居民消费的增加。结论的不一致使国内外学者对财政支出的消费效应一直争论不休，Linnemann（2006）将这种研究结论南辕北辙的现象称为"财政支出拉动效应之谜"。

综合上述分析，本书提出如下理论假说：由于财政支出对居民消费的影响既存在挤入效应也存在挤出效应，从理论上很难辨清两种效应究竟孰强孰弱，现实经济中两种效应同时存在，因此，财政支出与居民消费的关系并不是简单的单调关系，而是非线性关系。

2. 实证检验

综合上述分析可知，为了解出"财政支出拉动效应之谜"，本部分利用马尔科夫向量自回归（MS-VAR）模型分析财政支出对居民消费的影响。

（1）方法和数据说明

考虑到本部分主要分析财政支出在时间路径上对居民消费的挤入和挤出效应，根据 Hamilton（1989）和 Krolzig（1996，1997）的研究和本部分的研究目的，选择两区制的马尔科夫向量自回归模型进行分析，具体方法如下：

设向量 $y_t = (cczc，consumer)'$，则模型为 $y_t = a(s_t)y_{t-1} + \varepsilon_t$。其中 a_t 参数具有区制转移的特征，随着 s_t 取值的变化而变化，s_t 取值为 0 或 1。不可观测的状态变量 s_t 服从遍历不可约的一阶马尔科夫过程，其转移概率 t 时刻开始的概率计算公式为：

$\Pr[s_t = j \mid s_{t-1} = i] = p_{ij}$，且对于所有的时间 t，i，$j = 0$，1，满足

$\sum\limits_{j=0}^{1} p_{ij} = 0$。

t 时刻开始的概率计算公式为：

$$\Pr[s_t = i \mid \varphi_{t-1}] = \sum_{j=0}^{1} \Pr[s_t = i \mid s_{t-1} = j]\Pr[s_{t-1} = j \mid \varphi_{t-1}]$$

在每一时期的末尾，用以下迭代滤波对期初计算的概率进行修正（Kim 和 Nelson，1999）：

$$\Pr[s_t = i \mid \varphi_{t-1}] = \Pr[s_t = i \mid \varphi_{t-1}，y_t] =$$
$$\frac{f(y_t \mid s_t = i，\varphi_{t-1})\Pr[s_{t-1} = i \mid \varphi_{t-1}]}{\sum\limits_{i=0}^{1} f(y_t \mid s_t = i，\varphi_{t-1})\Pr[s_{t-1} = i \mid \varphi_{t-1}]}$$

模型的估计方法为极大似然估计，似然函数为：

$$InL = \sum_{t=1}^{N} \left\{ \sum_{i=0}^{1} f(y_t \mid s_t = i，\varphi_{t-1})\Pr[s_{t-1} = i \mid \varphi_{t-1}] \right\}$$

其中，$f(y_t \mid s_t = i，\varphi_{t-1})$ 服从标准正态分布，φ_t 表示直到 t 期的信息集，具体算法由 Hamilton 滤波实现。

本书选取了全国 1978—2014 年的时间序列数据，各原始数据来源于中国统计年鉴和 Wind 数据库。同时，为了消除通货膨胀对变量的影响，

利用消费者物价指数（CPI）对居民消费（consumer）和财政支出（czzc）以 1978 年为基期进行调整，并对数据进行了对数化处理。

（2）模型估计

建立 VAR 模型之前，需要对财政支出（czzc）与居民消费（consumer）进行平稳性检验，检验结果如表 3-9 所示。

表 3-9　　　　　　　　　　　　　　ADF 检验值

变量	ADF 统计值	5%水平临界值
czzc	-3.211	-3.012
consumer	-3.160	-2.960

由表 3-9 的结果可知，ADF 的检验统计量均小于 5%的临界值，说明拒绝原假设，数据为平稳序列。同时，根据研究目的和 AIC、HQ 及 SC 等信息准则，选定各变量的滞后阶数为 1，即 $q = 2$，$p = 1$。利用 EVIEWS8.0 对模型的常数项和参数进行估计，具体结果如表 3-10 所示。

表 3-10　　　　　　　　　　　　各变量系数估计

各变量	区制一		区制二	
	系数估计值	T 统计量	系数估计值	T 统计量
c	-0.167	-0.316	0.161	2.917
czzc_1	-0.023	4.905	0.019	2.854
consumer_1	1.068	4.107	0.978	3.532

由表 3-10 可知，我国 1978—2014 年的财政支出对居民消费的影响明显分为两个区制，在区制一中，财政支出与居民消费之间的关系为替代效应，系数估计值为-0.023。在区制二中，财政支出与居民消费之间的关系为互补效应，系数估计值为 0.019。表 3-11 为区制转移概率矩阵。

表 3-11　　　　　　　　　　　　区制转移概率矩阵

	区制一	区制二
区制一	0.821	0.179
区制二	0.163	0.837

　　从表 3-11 中可以看出，两个区制的转移概率分别为 $p_{11} = 0.821$，$p_{22} = 0.837$，说明两个区制都比较稳定。图 3-9 和图 3-10 给出了平滑概率的分布。

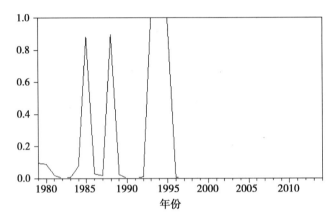

图 3-9　区制一平滑概率的分布

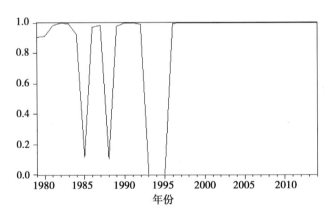

图 3-10　区制二平滑概率的分布

　　由图 3-9 和图 3-10 可知，在 1984—1985 年、1988—1989 年和 1993—1996 年区间中，我国财政支出对居民消费产生挤出效应的概率接近于 1；在 1979—1983 年、1986—1987 年、1990—1992 年和 1997—2015 年区间中，财政支出对居民消费产生挤入效应的概率接近于 1。由此可知，我国财政支出对居民消费存在非线性效应，且政府通过财政支出刺激消费的作用并不明显。

（3）实证结果分析

本书利用马尔科夫向量自回归（MS-VAR）模型分析财政支出对居民消费的非线性效应，1978—2014 年财政支出对居民消费的影响明显分为两个区制，在 1984—1985 年、1988—1989 年和 1993—1996 年的区制一中，财政支出与居民消费之间的关系为替代效应，系数估计值为－0.023，说明财政支出对居民消费有明显的挤出效应。在 1979—1983 年、1986—1987 年、1990—1992 年和 1997—2015 年的区制二中，财政支出对居民消费的系数估计值为 0.019，说明财政支出对居民消费有微弱的挤入效应。

在 1984—1985 年、1988—1989 年和 1993—1996 年的区制一中，财政支出对居民消费主要表现为挤出效应。区制一的显著特征为三个时间段都处于通货膨胀较高的时期，1984—1985 年为改革开放后经历的第一次通货膨胀，1979—1984 年，我国经济增长迅速，人均收入和国民生产总值均翻了一番。同时，国家采取宽松的货币政策，通过发行货币弥补财政赤字，这使得居民消费者价格上涨到 6%，引发了改革开放后的第一次通货膨胀。1988—1989 年为改革开放后经历的第二次通货膨胀，随着工作和价格改革的推行，新旧价格体系的矛盾以及经济中不合理的因素再次引发通货膨胀。随着投资热的升温和乡镇企业银行信贷的大规模上马，导致 1987 年的货币供应量增长为 1983 年的 174%，1988 年的零售商品物价指数达到 15.8%，引发了 1988—1989 年的高通货膨胀。1993—1996 年，随着邓小平南方谈话后，新的政策引发了新的一轮投资热，大批工业生产项目、房地产和股票均成为人们投资的热点，生产资料的上涨推动了物价的上涨，1993 年、1994 年和 1995 年的通货膨胀率分别为 13.2%、21.7% 和 14.8%，与高通胀相伴的是高货币发行，货币供应量增幅为 35% 以上，从而引发了新一轮的通货膨胀。由以上分析可知，高货币供应和高通胀时期，财政支出对居民消费具有挤出效应。

在 1979—1983 年、1986—1987 年、1990—1992 年和 1997—2015 年的区制二中，财政支出对居民消费的影响主要表现为微弱的挤入效应。结合我国经济运行的特征和财政政策的实施状况可以发现，这一结果与现实经济相一致。1979—1983 年，是我国由计划经济向市场经济转型的开端时期，财政支出由传统的行政直接干预经济转为间接利用财政政策进行调控，国内生产总值和人民收入均上涨，使得财政支出对居民消费有挤入效应。1986—1987 年和 1990—1992 年，为了应对 1984—1985 年和 1988—1989 年的通货膨胀，国家采取收缩银根、控制物价上涨和压缩投资等措施抑制了物价的上涨，经济陷入低迷，此时财政支出挤入了居民消费。1997—2015 年，为了应对 1997 年"亚洲金融风暴"和 2008 年全球性金融危机对经济增长的负向影响，我国在 1998 年和 2008 年采取了积极财政政策应对危机的冲击，通过扩大财政支出规模、调整经济结构和增加公共投资支出等措施来刺激消费、拉动内需。积极财政政策的实施使得消费对经济增长的贡献率逐年增加，消费对经济增长的贡献率由 2012 年的 51.8%上升到了 2015 年的 66.4%，成为经济增长的第一驱动力。由以上分析可知，1997—2015 年，积极的财政政策刺激了居民消费的增长，对居民消费具有促进作用。

三 财政支出影响私人投资的动态时间路径分析

1. 理论假说

财政支出与私人投资之间的关系众说纷纭，支持财政支出与私人投资之间的关系为替代效应的机制中最具影响力的观点有：①金融市场机制说。该机制认为当政府通过发行债务为财政支出融资时，财政支出将通过以下两个渠道对私人投资产生挤出效应。首先是资金竞争渠道。当政府通过发行债务为财政支出融资时，政府部门与私人部门在金融市场上会引起借贷资金需求上的竞争，由于政府在资金竞争中占有优势，在有限金融资源的约束下必会导致私人投资资金的短缺，从而对私人投资产生直接挤出效应。其次是利率渠道。当政府发行债务为财政支出融资时，资金需求的上升会引发利率上升，利率的上升将导致私人融资成本的上升从而间接挤出私人投资。②劳动市场机制说，该机制认为财政支出的增加将通过私人部门的工资渠道挤出私人投资。政府部门财政支出的增加会使得劳动需求增加，进而减少私人部门的就业量，从而直接挤出私人投资。同时，真实工资的增加将降低私人部门的资本边际产出和利润，从而间接挤出私人投资。③负财富效应说。该机制认为由于异质性投资风险的不确定性，私人投资对私人财富非常敏感，当政府征税为财政支出融资时，私人的可支配收入下降，这将减少私人资本的集中度，进而不利于私人投资。④资源占用说，由于资源是有限的，财政支出的增加势必会占用本该由居民支配的资源，进而导致私人投资的减少。

与此相反，支持财政支出有利于私人投资的理论研究也相当丰富，财政支出对私人投资的积极作用机制中最为流行的观点为：①财政支出的正外部性，政府部门对基础设施等公共品的投资和对教育等人力资本的投资能够有效改善私人投资的环境和提高私人投资的边际生产力，降低私人投资的成本和提高私人投资的利润，对私人部门具有正的外部性。②财政支出的乘数效应性，按照凯恩斯的乘数效应理论，财政支出的增加会带动国内需求的增加，进而增加私人投资的激励。

改革开放以来，我国经济一直保持稳定快速的增长，创造了人类经济发展史上的新奇迹。为了应对 2008 年全球金融危机的不利影响，我国政府出台了一系列的经济刺激计划，政府投资大幅增长，为了弥补不断扩大的财政支出，地方政府债务急剧膨胀，2008 年到 2013 年 6 月，地方政府债务年均增长率高达 30%。地方政府弥补财政支出的主要方式是发行债务，当政府通过发行债务为财政支出融资时，政府通过资金竞争渠道和利率渠道直接和间接地挤出私人投资。由于政府在借贷资金竞争中占有优势，在有限金融资源的约束下地方政府将通过资金竞争渠道直接挤出私人投资。政府背景使得国有企业在获取金融资源方面具有非市场性的竞争优势，民营企业融资难的状况已成为制约我国民营中小企业发展的瓶颈。

根据上述分析，本书提出如下理论假说：考虑到财政支出对私人投资的影响既有挤入效应也有挤出效应，从理论上很难辨清两种效应究竟孰强孰弱，现实经济中两种效应同时存在，因此，财政支出与私人投资的关系并不是简单的单调关系，而是非线性关系。

2. 实证检验

为了检验假说，本部分从实证角度利用马尔科夫向量自回归（MS-VAR）模型分析财政支出对私人投资的影响。

（1）方法和数据说明

考虑到本部分主要分析财政支出在时间路径上对私人投资的挤入和挤出效应，根据 Hamilton（1989）、Krolzig（1996，1997）的研究和本部分的研究目的，选择两区制的马尔科夫向量自回归模型进行分析，具体方法如下：

设向量 $y_t = (\text{czzc}, \text{pi})'$，则模型为 $y_t = a(s_t)y_{t-1} + \varepsilon_t$。其中 a_t 参数具有区制转移的特征，随着 S_t 取值的变化而变化，S_t 取值为 0 或 1。不可观测的状态变量 S_t 服从遍历不可约的一阶马尔科夫过程，其转移概率 t 时刻开始的概率计算公式为：

$\Pr[s_t = j \mid s_{t-1} = i] = p_{ij}$，且对于所有的时间 t，i，$j = 0$，1，满足

$\sum\limits_{j=0}^{1} p_{ij} = 0$。

t 时刻开始的概率计算公式为：

$$\Pr[s_t = i \mid \varphi_{t-1}] = \sum_{j=0}^{1} \Pr[s_t = i \mid s_{t-1} = j]\Pr[s_{t-1} = j \mid \varphi_{t-1}]$$

在每一时期的末尾，用以下迭代滤波对期初计算的概率进行修正（Kim 和 Nelson，1999）：

$$\Pr[s_t = i \mid \varphi_{t-1}] = \Pr[s_t = i \mid \varphi_{t-1}, y_t] = \frac{f(y_t \mid s_t = i, \varphi_{t-1})\Pr[s_{t-1} = i \mid \varphi_{t-1}]}{\sum\limits_{i=0}^{1} f(y_t \mid s_t = i, \varphi_{t-1})\Pr[s_{t-1} = i \mid \varphi_{t-1}]}$$

模型的估计方法为极大似然估计，似然函数为：

$$\text{In}L = \sum_{t=1}^{N} \left\{ \sum_{i=0}^{1} f(y_t \mid s_t = i, \varphi_{t-1})\Pr[s_{t-1} = i \mid \varphi_{t-1}] \right\}$$

其中，$f(y_t \mid s_t = i, \varphi_{t-1})$ 服从标准正态分布，φ_t 表示直到 t 期的信息集，具体算法由 Hamilton 滤波实现。

考虑到数据的可得性，本书选取了全国 1981—2014 年的时间序列数据，各原始数据来源于中国统计年鉴和 Wind 数据库。鉴于官方并没有公布私人投资的具体数据，本书借鉴王立勇和毕然（2014），私人投资的替代变量选取将按固定资产资金来源全社会固定资产投资减去外商直接投资和政府预算内投资后的差值。同时，为了消除通货膨胀对变量的影响，财政支出（czzc）利用消费者物价指数（CPI）以 1981 年为基期进行调整，私人投资（pi）利用固定资产价格指数以 1981 年为基期进行调整，并对数据进行了对数化处理。

（2）模型估计

建立 VAR 模型之前，需要对财政支出（czzc）与私人投资（pi）进

行平稳性检验，检验结果如表 3-12 所示。

表 3-12　　　　　　　　　　　　**ADF 检验值**

变量	ADF 统计值	5%水平临界值
Czzc	-3.211	-3.012
Pi	-4.154	-3.563

　　由表 3-12 的结果可知，ADF 的检验统计量均小于 5% 的临界值，说明拒绝原假设，数据为平稳序列。同时，根据研究目的和 AIC、HQ 及 SC 等信息准则，选定各变量的滞后阶数为 1，即 $q = 2$，$p = 1$。利用 ox-msvar 对模型的常数项和参数进行估计，具体结果如表 3-13 所示。

表 3-13　　　　　　　　　　　　**各变量系数估计**

各变量	区制一		区制二	
	系数估计值	T 统计量	系数估计值	T 统计量
c	0.129	1.346	-0.017	0.622
Czzc_ 1	-0.067	-0.265	0.043	0.930
Pi_ 1	0.558	2.246	1.042	2.941

　　由模型的非线性检验 LR test 值 18.806，其伴随概率 Chi（6）= [0.0045]，Chi（8）= [0.0159]，DAVIES = [0.0731]，可知模型存在显著的非线性效应。由表 3-13 可知，我国 1981—2014 年财政支出对私人投资的影响明显分为两个区制，在区制一中，财政支出对私人投资的系数估计值为 -0.067，说明财政支出对私人投资有明显的挤出效应。在区制二中，财政支出对私人投资的系数估计值为 0.043，说明此时财政支出对私人投资具有挤入效应。表 3-14 和表 3-15 分别给出了区制转移概率矩阵和各区制的持续估计。

表 3-14　　　　　　　　　　　　**区制转移概率矩阵**

	区制一	区制二
区制一	0.908	0.092
区制二	0.049	0.951

　　从表 3-14 中可以看出，两个区制的转移概率分别为 $p_{11} = 0.908$，

$p_{22} = 0.951$，说明两个区制都非常稳定。

表 3-15　　　　　　　　　　　　　各区制的持续估计

	样本数量	频率	平均持续期
区制一	12.3	0.352	10.86
区制二	20.7	0.648	20.03

由图 3-11 可知，在 1987—1997 年的区制中，财政支出对私人投资产生挤出效应的概率接近于 1；在 1982—1986 年和 1998—2015 年，财政支出对私人投资产生挤入效应的概率接近于 1。由此可见，近年来我国的财政支出对私人投资存在挤入效应。

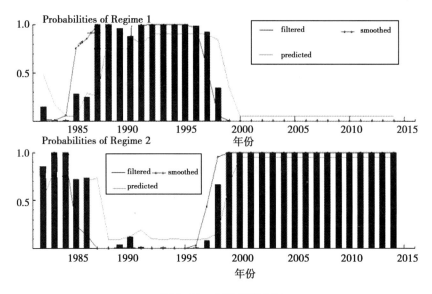

图 3-11　平滑概率分布

（3）实证结果分析

本书利用马尔科夫向量自回归（MS-VAR）模型检验财政支出对私人投资的非线性效应，由模型的非线性检验 LR test 值 18.806 可知财政支出对私人投资存在显著的非线性效应。我国 1982—2014 年私人投资对财政支出明显分为两个区制，在 1987—1997 年的区制一中，财政支出对私人投资的系数估计值为 -0.067，说明财政支出对私人投资有明显的挤出效应。在1982—1986年和1998—2015年区制二中,财政支出对私人投资的系数估计值为0.043,说明此时财政支出对私人投资具有挤入效应。

区制一对应的时间段为1987—1997年,财政支出对私人投资主要表现为挤出效应。这段时间我国经历了两次通货膨胀,分别为1987—1989年和1993—1995年,两次通胀的特征都表现为投资规模大幅升温,货币供应量急剧上升和物价急剧上涨,大批工业生产项目、房地产和股票均成为人们投资的热点,投资过热使得生产资料价格大幅上涨,许多集体和私营企业不得不靠借"三角债"来维持正常经营。同时,1987—1997年处于改革开放初期,借贷资金的供给相对有限,因此财政支出对私人投资表现为挤出效应。

区制二对应的时间段为1982—1986年和1998—2015年,财政支出对私人投资的系数估计值为0.043,说明此时财政支出对私人投资具有微弱的挤入效应。1982—1986年处于改革开放初期,对计划经济体制进行了一系列的体制改革。1983年起,以增强企业活力为目标进行了财税体制的改革,调动了地方政府的积极性。在一些基础设施项目中,试行了招标投标责任制,这一系列的改革措施提高了私人投资的积极性。1998—2015年,为了应对1997年"亚洲金融风暴"和2008年全球性金融危机对经济增长的负向影响,我国在1998年和2008年采取积极财政政策应对危机的冲击,扩张的财政支出提供了如交通、能源和通信等具有正外部性的公共产品和公共服务,改善了私人投资的环境,医疗卫生和公共教育等社会保障拉动了国内需求的增加,提高了私人投资效率,进而挤入了私人投资。此外,扩张性财政政策增强了投资者信心,使人们对未来投资回报形成了较高的预期,进而刺激私人投资增加。由以上分析可知,1998—2015年,积极的财政支出挤入了私人投资,但挤入效应比较微弱。

本章小结

考虑到改革开放前后我国的经济体制和财政体制存在明显的差异,本章通过梳理改革开放后的宏观经济年度数据(1978—2014)为样本,分析财政支出影响经济增长的作用机制,主要结论有:

　　第一，我国政府财政扩张偏向行为的典型事实。基于全国数据的分析表明我国财政支出总体上基本表现为"逆风向而动"的逆周期财政政策，但基于全国 31 个省份的数据分析却表明我国财政支出具有明显的不对称性，具体表现为：在经济衰退期表现出了明显的逆周期特征，而在经济繁荣期却表现为明显的顺周期特征，这意味着无论在经济衰退期还是经济繁荣期，我国地方政府均具有强烈的倾向通过扩张财政支出规模刺激经济。

　　第二，由理论分析可知，财政支出对经济增长的正向影响渠道为：首先，财政支出能通过影响有效资本供给和资本生产率来实现对经济增长的影响。其次，财政支出能促进劳动生产率的提高和增加有效劳动的供给。然而，随着财政支出规模的扩大，财政支出将会对经济增长产生负向影响，其影响渠道为：效率低下的财政支出通常会导致资源配置不合理，进而对经济增长产生阻碍作用。再次，财政支出的融资方式主要来源于税收、发行债务和货币创造等方式。高税收和高债务会挤出居民消费和私人投资，货币发行则会导致高通胀，最终阻碍经济的增长。由于理论上很难辨清两种效应究竟孰强孰弱，本书采用马尔科夫向量自回归（MS-VAR）模型从实证角度进行分析，结果显示，我国 1978—2014 年的财政支出与经济增长的关系为显著的非线性效应，财政支出对经济增长的非线性影响将财政支出分为两个区制，在 1979—1982 年、1988—1992 年、1996—2004 年和 2009—2015 年的区制一中，财政支出对经济增长的系数估计值为 0.067，说明财政支出对经济增长有促进作用。在 1983—1987 年、1993—1995 年和 2005—2008 年的区制二中，财政支出对经济增长影响的系数估计值为 0.013，表明财政支出对经济增长的促进作用正逐步减弱。由此可知，区制一的明显特征为经济处于低迷期，财政支出的扩张对经济增长具有明显的促进作用。区制二的明显特征为经济处于过热期，财政支出对经济增长的促进作用由强变弱，几乎趋近于 0。我国财政支出对经济增长存在非线性效应，政府不应盲目通过扩大财政支出刺激经济增长。

　　第三，不同的理论认为财政支出通过负财富效应与替代效应对居民可支配收入和真实工资产生不同的影响，新古典经济学认为财政支出的增加会导致税收的上升，而税收的增加会导致居民可支配收入的下降，进而对居民消费产生挤出效应；而新凯恩斯理论则认为劳动需求会随着财政支出的增加而增加，这将导致真实工资的上涨。真实工资的上涨意味着消费者当期可支配收入的上升，进而对居民消费产生挤入效应。理论上同样很难辨清两种效应究竟孰强孰弱，因此本书利用马尔科夫向量自回归（MS-VAR）模型研究发现，财政支出与居民消费之间的关系为非线性效应，1978—2014 年财政支出对居民消费的非线性影响将财政支出明显分为两个区制，在 1984—1985 年、1988—1989 年和 1993—1996 年的区制一中，财政支出对居民消费的系数估计值为 -0.023，说明财政支出对居民消费有明显的挤出效应。在 1979—1983 年、1986—1987 年、1990—1992 年和 1997—2015 年区制二中，财政支出对居民消费的系数估计值为 0.019，说明财政支出与居民消费相互之间的互补效应非常微弱，说明这段时期我国积极财政政策对居民消费的拉动效应并不明显，供给和需求存在错配，供给侧结构性改革迫在眉睫，需要通过新的供给创造新的需求，通过新的需求推进新的消费，以达到增加有效需求促进经济增长的目的。

第四，各个理论学派关于财政支出对私人投资的影响的观点也大相径庭，最具影响力的支持财政支出不利于私人投资的观点为：财政支出在金融市场上通过资金竞争渠道和利率渠道对私人投资产生挤出效应。与此相反，最为流行的支持财政支出对私人投资有积极作用的观点为：财政支出具有正外部性和乘数效应，能够有效改善私人投资的环境和提高私人投资的边际生产力，并带动国内需求的增加，进而增加私人投资。为了检验哪一种理论更符合现实经济，本书利用马尔科夫向量自回归（MS-VAR）模型研究发现，由模型的非线性检验 LR test 值 18.806 可知，财政支出对私人投资存在显著的非线性效应。我国 1982—2014 年私人投资对财政支出明显分为两个区制，在 1987—1997 年的区制一中，财政支出对私人投资的系数估计值为 -0.067，说明财政支出对私人投资有明显的挤出效应。在 1982—1986 年和 1998—2015 年的区制二中，财政支出对私人投资的系数估计值为 0.043，说明此时财政支出对私人投资具有挤入效应。

第五，财政支出在时间路径上对经济增长、居民消费和私人投资均存在非线性影响，马尔科夫向量自回归（MS-VAR）模型将 1979—2014 年财政支出对经济增长、居民消费和私人投资的影响分为两个区制，这两个区制有重叠的时间段，进一步分析发现，在 1993—1996 年，财政支出对居民消费和私人投资均为挤出效应，系数估计值分别为-0.023和-0.067。相应地，财政支出对经济增长具有微弱的挤入效应，系数估计值为0.013且不显著。自邓小平1992年南方谈话后，新的改革政策引发了新的一轮投资热，投资需求空前高涨，大批工业生产项目、房地产和股票均成为人们投资的热点，生产资料的上涨推动了物价的上涨，与高通胀相伴的是高货币发行，货币供应量增幅为35%以上，从而引发了新一轮的通货膨胀，1993年、1994年和1995年的通货膨胀率分别为13.2%、21.7%和14.8%。在2008—2014年，财政支出对居民消费和私人投资均为挤入效应，系数估计值分别为0.019和0.043。相应地，财政支出促进了经济增长，系数估计值为0.067。说明2008—2014年实施的积极财政政策提供了大量具有正外部性的公共产品和公共服务，为私人投资创造了空前良好的投资环境。同时，财政支出对居民消费的拉动作用也较为明显，从而对经济增长具有较强的促进作用。

第四章　财政支出对经济增长的门槛效应

由上一章的研究内容可知，财政支出对经济增长的影响在时间路径上存在动态的非线性特征，在经济过热的年份对经济增长产生挤出效应，在经济衰退的年份对经济增长产生挤入效应。由此可见，财政支出与经济增长之间并不一直是挤入或挤出的单调关系，那么，财政支出对经济增长的挤入效应与挤出效应之间存在拐点吗？换言之，财政支出对经济增长的影响存在门槛效应吗？为了回答这一问题，本部分进一步从理论和实证角度分析财政支出对经济增长的影响，并利用静态和动态面板门槛模型求解财政支出影响经济增长的门槛值。

第一节　财政支出对经济增长的影响：基于理论模型的分析

在对财政支出与经济增长之间的门槛效应进行实证检验之前，需要从理论角度分析财政支出对经济增长的影响。因此，本部分通过构建理论模型分析财政支出对经济增长的影响。

一　模型构建

1. 私人部门

假定经济体中存在的多个家庭都是同质的，且每个家庭做出的最优决策也是一样的，并假定人口规模恒定且标准化为 1。$C(t)$ 表示家庭在 t 时期的消费，则在收入预算约束式下，代表性家庭的消费效用最大化可以表示为：

$$\max \int_0^\infty e^{-\rho t} C(t) \, dt \tag{4.1}$$

其收入约束为：

$$\Delta K + \Delta B = rB + (1 - \tau)Y - C \tag{4.2}$$

其中，ρ 为代表性家庭的时间偏好系数，r 表示利率水平，并假设效用函数为对数形式，Y 表示经济总产出，K 表示私人资本，B 表示公共债务，ΔK 和 ΔB 表示二者不考虑资本折旧的变动，τ 表示税率且 $\tau \in (0, 1)$。本书采用柯布-道格拉斯生产函数进行分析，即：

$$Y = AH^\alpha K^\beta \tag{4.3}$$

其中，A 代表技术水平，H 代表公共资本存量。参数 α 表示总产出对公共资本的弹性系数，β 表示总产出对私人资本的弹性系数，且 $\alpha + \beta = 1$。在平衡状态下，利率水平等于私人资本的边际产出，即：

$$r = (1 - \tau)(1 - \alpha)AK^{-\alpha}H^\alpha \tag{4.4}$$

2. 政府

假设政府主要通过发行债务来弥补财政赤字，且存在借新还旧的行为，则政府的预算约束可表示为：

$$\Delta B = rB - \tau Y + G \tag{4.5}$$

其中，τY 表示税收，G 表示财政支出，在不考虑资本折旧的情况下，则有：

$$\Delta H = G \tag{4.6}$$

假定政府遵循跨期预算限制，即 $\lim_{t \to \infty} e^{-rt}B(t) = 0$，则意味着公共赤字小于或等于财政支出，即：

$$\Delta B = \psi G \tag{4.7}$$

其中，

$$\psi \in [0, 1] \tag{4.8}$$

二 模型分析与结论

对代表性家庭的消费效用进行最优化求解，并结合式（4.4），得到人均消费增长率，即：

$$g_C = \frac{\Delta C}{C} = -\rho + (1 - \tau)(1 - \alpha)A\left(\frac{H}{K}\right)^\alpha \tag{4.9}$$

进一步，结合家庭收入约束方程（4.2）以及政府预算约束方程（4.5），可以得到私人资本的增长率，即：

$$g_K = \frac{\Delta K}{K} = A \left(\frac{H}{K}\right)^{\alpha} - \frac{C}{K} - \left(\frac{G}{H}\right)\left(\frac{H}{K}\right) \tag{4.10}$$

而公共债务和公共资本的增长率，可以通过式（4.5）—式（4.8）得到，即：

$$g_B = \frac{\Delta B}{B} = \psi \left(\frac{H}{K}\right)\left(\frac{K}{B}\right)\left(\frac{\Delta H}{H}\right) \tag{4.11}$$

$$g_H = \frac{\Delta H}{H} = (1 - \psi)^{-1} \left[\tau A \left(\frac{H}{K}\right)^{\alpha-1} - (1 - \tau)(1 - \alpha) A \left(\frac{H}{K}\right)^{\alpha-1} \frac{B}{K} \right] \tag{4.12}$$

假定技术水平 A 的增长率为 0，此时

$$g_Y = \frac{\Delta Y}{Y} = (1 - \alpha)g_K + \alpha g_H \tag{4.13}$$

进一步假定，$\psi = 1$，即公共债务全部用于财政支出，在平衡增长路径上，如下关系成立：

$$g_B = g_H \tag{4.14}$$

从式（4.11）和式（4.14）可以看出，$H = B$，$\Delta B = \Delta H$，进一步从式（4.5）—式（4.8）可以得到：

$$\tau Y = rH \tag{4.15}$$

利用上述条件，可以得到：

$$\frac{H}{K} = \frac{\tau}{(1 - \tau)} \frac{1}{(1 - \alpha)} \tag{4.16}$$

式（4.16）意味着在平衡增长路径上，公共资本与私人资本的比例是税率 τ 和公共资本产出弹性 α 的函数。

将式（4.16）代入式（4.9），可以得到人均消费的增长率表达式，即：

$$g_C = -\rho + A (1 - \tau)^{1-\alpha} \tau^{\alpha} (1 - \alpha)^{1-\alpha} \tag{4.17}$$

通过方程（4.17）可以看出，人均消费的均衡增长率与公共资本与私人资本的比率，即 $\frac{H}{K}$ 呈现出非线性关系，通过求导可以得到，当 $\tau = \alpha$ 时，g_C 取得极大值，此时 $H = K \frac{\tau}{(1 - \tau)^2}$，且由式（4.6）可知，财政支出对居民消费存在非线性影响。

将式（4.17）代入消费 $C = Te^{g_c}$ 函数，其中 T 是常数。进而可将函数式 C 代入式（4.10），发现 g_K 和 g_H 都是 g_c 的函数式，因而经济增长率 g_Y 也是 g_c 的函数，也就是说财政支出对经济增长率也存在非线性关系。

第二节　财政支出对经济增长的影响：基于动态面板模型的分析

一　计量模型的设定

理论模型显示：财政支出与经济增长之间存在非线性效应，为了进一步分析财政支出对经济增长的非线性影响，借鉴 Barro（1990）、张晏和龚六堂（2005）以及 Checherita-Westphal（2012）等的做法，本部分引入财政支出的二次项分析财政支出与经济增长之间的倒 U 形关系，模型构建如下：

$$y_{it} = \alpha_1 Czzc_{it} + \alpha_2 Czzc_{it}^2 + \beta_j X_{it} + \mu_i + v_t + \varepsilon_{it} \qquad (4.18)$$

其中，i 表示不同省份、t 表示相应的年份，μ_i 表示不随时间变化的个体效应，v_t 表示时期效应，ε_{it} 表示随机干扰项。y_{it} 表示 i 县（市、区）在 t 时期的人均实际 GDP 增长率，考虑到财政支出对经济增长的影响会有一定的时滞，同时为了避免逆向因果问题，借鉴 Devarajan 等（1996）、沈坤荣和付文林（2005）以及王文剑和覃成林（2008）的处理方法，采用本年与滞后 4 年的人均 GDP 增长率的滑动平均值代表 t 时期的人均实际 GDP 增长率。$Czzc_{it}$ 表示 i 省份在 t 时期的财政支出占 GDP 的比值，$Czzc_{it}^2$ 表示财政支出占 GDP 的二阶项，用于分析财政支出对经济增长的非线性影响，如果二阶项前的系数显著为负，说明财政支出与经济增长存在倒 "U" 形关系。

X_{it} 表示一组控制变量，参照现有关于经济增长的实证文献，借鉴 Cordelia et al.（2005）、张晏和龚六堂（2005）等学者对经济增长的实证研究，本书选取 Gdp_{it} 表示滞后一期人均 GDP，反映滞后一期经济发展水平对当期经济增长的惯性影响，通过这一指标考察经济增长是否存在 "趋同效应"；$Capital_{it}$ 表示投资率，用全社会固定资产投资与 GDP 之比衡量; $Hcapital_{it}$ 表示平均受教育年限, 人力资本是经济增长研究中不可遗漏的重要变量, 按照惯例本书用平均受教育年限来度量人力资本对经济增长的影响; $Openness_{it}$ 表示贸易开放度, 用进出口的差额与 GDP 之比衡量; Tax_{it} 表示宏观税负水平, 参考通常做法, 本书用各省财政收入占各省 GDP 的比重来衡量。$Urban_{it}$ 表示城市化进程, 用农村人口比重 (POP-SHR) 来考察城市化对经济增长的影响。

二 数据来源和数据处理

鉴于本书主要分析 2007 年金融危机后政府扩张性财政政策对经济增长的影响, 因此本书选择我国 2007—2014 年 30 个省①的面板数据进行计量分析, 同时为了剔除通货膨胀对变量的影响, 所选指标均以 2007 年为基期进行调整。所有数据均来自历年《中国统计年鉴》(2008—2015) 和 Wind 数据库, 数据的统计特性如表 4-1 所示。

表 4-1　　　　　　　　　　样本数据的统计分析

变量名	含义	平均值	标准差	最小值	最大值
y	人均 GDP 增长率	0.125	0.017	0.08	0.199
Czzc	财政支出	0.246	0.187	0.087	0.63
Hcapital	平均受教育年限	8.469	1.146	4.224	12.028
Capital	投资率	0.738	0.200	0.326	1.493
Openness	进出口额	0.323	0.391	0.028	0.799
Tax	宏观税负	0.077	0.029	0.034	0.195
Urban	城市化率	0.487	0.143	0.104	0.774

说明: 数据来源于中国统计年鉴和 Wind 数据库。

三 计量方法的确定

由于解释变量包括被解释变量的滞后项, 模型存在内生性问题, 使得采用面板固定效应和随机效应得到的估计量往往是有偏误的 (Baltagi, 2008)。为了估计此类具有动态性质的模型, Arellano 和 Bond (1991)、

---

① 由于西藏的财政支出占 GDP 的比重较大, 属于离群值, 所以本书未将西藏纳入样本。

Arellano 和 Bover（1995）、Blundell 和 Bond（1998）提出使用一阶差分广义矩估计（first-difference GMM）和系统广义矩估计（SYSGMM）来解决模型的内生性问题。由于差分矩估计存在弱工具变量问题，差分矩估计量可能存在严重的小样本偏误。为此，Bond 和 Windmeijer（2002）指出，在时间维度较短的情况下，相对于差分矩估计，系统矩估计能更加充分地利用样本信息，使得估计量的小样本偏误明显降低。

　　因此，考虑到模型的动态特征和本书数据时间维度较短的特征，为了克服个体异质性和内生性问题，本书采用系统广义矩估计量（SYSGMM）来估计动态面板模型。干扰项 ε_{it} 不存在序列相关是该方法的一个关键假设，本书采用 Arellano-Bond 二阶序列统计量检验误差项 ε_{it} 是否满足不存在相关性的原假设。为了检验模型所用的工具变量是否合理，本书采用 Hasen J 统计量检验过度识别约束（over identifying restriction）。

四　实证结果与分析

　　为了全面分析财政支出对经济增长的影响，本书分别采用了固定效应模型[①]和 SYSGMM 方法估计了模型（4.17），回归结果如表 4-2 所示。

表 4-2　　　　　　　　　　财政支出与经济增长回归结果

1	（1）	（2）	（3）	（4）	（5）	（6）
估计方法	F	F	F	SYSGMM	SYSGMM	SYSGMM
Czzc	0.077*	0.010*	0.087*	0.018*	0.015*	0.023*
	(1.81)	(2.01)	(1.77)	(2.84)	(1.84)	(2.95)
Czzc2		−0.0549**	−0.0517**		−0.0171**	−0.023**
		(−1.88)	(−1.92)		(−2.17)	(1.34)
lngdp	−0.021*	−0.071*	−0.034*	−0.083	−0.049	−0.03
	(−0.13)	(−0.37)	(−0.22)	(−0.65)	(−0.34)	(−0.36)
Hcapital	0.057	0.013	0.037	0.046***	0.038***	0.009*
	(1.24)	(1.32)	(1.92)	(3.71)	(3.41)	(1.27)

---

　　① Wald 检验和 LM 检验均在 5% 的显著性水平下拒绝了 Pooled OLS 模型。Hausman 检验在 5% 的显著性水平下拒绝了随机效应模型。

续表

1	（1）	（2）	（3）	（4）	（5）	（6）
Capital	0. 024 ***	0. 013 ***	0. 008 *	0. 001 ***	0. 002 ***	0. 017 ***
	（3. 34）	（1. 27）	（1. 84）	（2. 92）	（2. 88）	（3. 88）
Tax	-0. 064 *	-0. 119 *	-0. 117 *	-0. 189 ***	-0. 169 ***	-0. 156
	（-2. 53）	（-0. 89）	（-0. 95）	（-5. 53）	（-6. 04）	（-1. 22）
Urban	0. 149 ***	0. 194 ***	0. 159 ***	0. 118 ***	0. 101 **	0. 114 *
	（3. 57）	（3. 55）	（3. 23）	（7. 17）	（6. 41）	（4. 94）
Openness	0. 038	0. 034 *	0. 017	0. 021 *	0. 019 *	0. 026 **
	（2. 47）	（1. 6）	（0. 90）	（3. 7）	（3. 63）	（4. 75）
Consumer			-0. 091 ***			-0. 013 **
			（-3. 24）			（-3. 81）
y （-1）				0. 014 *	0. 016 **	0. 013
				（2. 74）	（2. 82）	（2. 55）
C （常数项）	0. 891	0. 738	1. 67	-6. 808 *	0. 995 ***	0. 998 ***
	（0. 16）	（4. 11）	（2. 56）	（-1. 77）	（7. 94）	（7. 29）
AR （1） test				0. 001	0. 001	0. 004
AR （2） test				0. 366	0. 299	0. 349
Hansen_ Jp-value				0. 231	0. 335	0. 236

说明： *** 、 ** 和 * 分别表示在1%、5%和10%水平上显著。

　　模型（1）—模型（3）是静态固定效应模型的估计结果，为了克服异方差、序列相关以及截面相关对统计推断的影响，本书采用 Driscoll and Kraay （1998）提出的"异方差—序列相关—截面相关"稳健型协方差矩阵来估计系数的标准误。模型（4）—模型（6）为动态面板模型的估计结果。在模型（1）和模型（4）中，重点分析财政支出一阶项对经济增长的影响，结果表明，在10%的显著性水平下，财政支出的一阶项对经济增长具有明显的挤入效应。在模型（2）和模型（5）中引入财政支出的二阶项后，财政支出的一阶项系数仍然在10%的显著性水平下为正，财政支出的二阶项在5%的显著性水平下显著为负，说明财政支出与经济增长之间存在显著的倒 U 形关系，存在促进经济增长的最优财政支出规模，详细情况如图4-1所示。为了说明结果的稳健性，本书在模型（3）和模型（6）中加入居民消费率这一控制变量，财政支出的二阶项仍然在

5%的显著性水平下为负，说明财政支出与经济增长之间的倒 U 形关系具有稳健性。为了进一步验证倒 U 形关系的存在性，同时考虑到影响经济增长的变量较多，本书逐步加入文献中被认为对经济增长有影响的变量。这些变量包括：政府规模、第一和第二产业产值比重和人口增长率等变量，财政支出的二阶项一直显著为负，这说明财政支出与经济增长存在倒U 形关系的结论十分稳健。

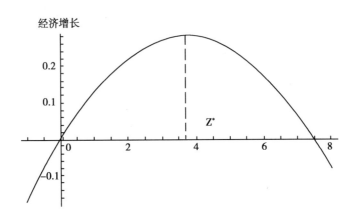

图 4-1 财政支出与经济增长的关系

由表 4-2 可见，投资率的系数都显著为正，进一步验证了投资乘数效应原理，投资是促进经济增长的重要因素之一。滞后一期人均 GDP 的系数为负，与 Kremer（2013）文中结论一致，说明我国的经济增长存在条件收敛趋势。平均受教育年限对经济增长的影响比较微弱且在多数模型中并不显著，说明我国经济增长的主要动力不是来源于人力资本，今后应进一步通过财政支出投入加大对人才的培养，以推进人力资本的积累。城镇化率对经济增长的影响显著为正且拉动作用明显，说明城镇化近年来已经成为各省拉动经济增长的主要力量。宏观税负对经济增长的影响显著为负，说明近年来高税收已经对经济增长产生挤出效应，税收的扭曲性成本正在增大，我国实行减税拉动经济增长势在必行。令人意外的是消费率对经济增长的影响显著为负，说明消费近年来并没有成为拉动经济增长的主要力量。近年来，随着经济的发展，传统"衣食类"消费占收入的比重正逐渐下降，医疗保健、文教娱乐等新兴消费占比正在提高，赴港日购物旅行等的增加说明了我国供给与需求存在错配，因此国内消费对经济增长的拉动效果不佳是合乎情理的。此外，由于模型估计过程中使用了多个同期变量，模型的内生性存疑。为了避免内生性问题，本书依次代入所有变量的滞后项检验结果的稳健性。研究发现，本书关注的财政支出二阶项的系数仍然显著为负，平均受教育年限与城镇化的参数估计系数与原模型估计系数近似，显著性大致相当。总体而言，在稳健性检验中，财政支出与经济增长之间的倒 U 形关系这一结论并未改变。

第三节 财政支出影响经济增长的门槛效应：基于动态面板门槛模型的分析

上文的实证研究结果表明，财政支出与经济增长之间存在显著的倒 U 形关系。那么财政支出影响经济增长的拐点，即财政支出影响经济增长的门槛值是多少？考虑到经济增长存在持续性，忽视经济增长的动态性将导致结果的不一致，为此，本文借鉴 Hansen 和 Caner（2004）、Kremer（2013）的动态面板门槛方法求解财政支出影响经济增长的门槛值，探寻财政支出的适度规模。

一 计量模型的设定

为了分析财政支出对经济增长的门槛效应，借鉴 Hansen（1999）、Caner 和 Hansen（2004）的做法，本文最终设定的面板门槛模型为：

$$y_{it} = \mu_i + \alpha_1 Czzc_{it} I(Czzc_{it} \leqslant \hat{\gamma}) + \alpha_2 Czzc_{it} I(Czzc_{it} > \hat{\gamma}) + \beta_j X_{it} + \varepsilon_{it}$$

$$(4.19)$$

其中：i 表示省份、t 表示相应的年份，μ_i 表示个体效应，α_i 是门槛变量的系数，β_j 是控制变量的系数，$I(.)$ 代表指示函数。财政支出占 GDP 的比例 $Czzc_{it}$ 为门槛变量，γ 是门槛值。X_{it} 表示一组控制变量，包括上文所提出的滞后一期人均国内生产总值 Gdp_{it}，投资率 $Capital_{it}$，平均受教育年限 $Hcapital_{it}$，宏观税负水平 Tax_{it}，贸易开放度 $Openness_{it}$ 以及城市化率 $Urban_{it}$。

二　模型的估计方法

为了避免主观判断划分区间所造成的估计偏差和错误，Hansen（1999）提出用两阶段线性最小二乘法估计并检验门槛模型的有效性。估计步骤如下：第一步，固定门槛值（γ），利用最小二乘法分别求出残差平方和（Sum of Square Errors）；第二步，利用第一步得到的最小残差平方和反推估计门槛值 γ。最后代入门槛值估计模型并对结果进行分析。

Hansen（1999）研究了静态面板门槛模型，该模型的解释变量具有不能包含内生解释变量的限制，而在现实经济现象中内生解释变量却普遍存在，这使得 Hansen 的方法不能得到广泛应用。为此，Caner 和 Hansen（2004）提出了带有内生解释变量和外生门槛变量的门槛模型。与静态面板门槛模型不同，Caner 和 Hansen（2004）利用简化型对内生变量进行一定的处理，然后应用 2SLS 或者 GMM 对参数进行估计。考虑到经济增长率的持续性，模型（4.18）的解释变量里含有被解释变量的滞后项，因此需要在 Caner 和 Hansen（2004）的基础上对模型进行扩展。本书主要借鉴 Kremer（2013）、Baum（2013）处理动态面板门槛模型的方法，所采用方法如下。

1. 消除固定效应

对于动态面板门槛模型而言，首要问题是在不影响渐进分布的情况下，消除个体效应。为了避免消除个体效应后残差项存在序列相关，借鉴 Kremer（2013），本文采用 Arellano 和 Bover（1995）的前向正交离差法（Forward Orthogonal Deviation Transformation）消除个体固定效应。其方法如下：

$$\mu^*_{it} = \sqrt{T - \frac{t}{T} - t + 1} \left[\mu_{it} - \frac{t}{T} - t(\mu_{i(t+1)} + \cdots + \mu_{iT}) \right] \quad (4.20)$$

通过上述计算，可以保证误差之间互不相关。

2. 简化型回归

由于解释变量中含有被解释变量的滞后项 y_{it-1}，模型存在内生性问题。为了处理模型的内生性问题，在估计动态面板门槛模型时，本文采用 GDP 增长率的高阶滞后项（$y_{it-2} \cdots y_{it-b}$）对内生变量 y_{it-1} 作 OLS 回归，然后将回归得到的预测值 $\hat{y}_{it-1}$ 作为内生解释变量 y_{it-1} 的工具变量。

3. 估计门槛值

具体步骤借鉴 Hansen（1999），分为四步：

第一步，将每一个可能的门槛值 γ 代入模型（4.19）进行 OLS 回归，并保留每一次回归的残差平方和 $S(\gamma)$。

第二步，选择使模型（4.19）残差平方和最小的门槛值 γ 作为门槛值的估计值。

$$\hat{\gamma} = \arg\min_{\gamma} S_n(\gamma) \tag{4.21}$$

第三步，门槛效应的检验。估计门槛模型时，必须先检验模型是否存在门槛效应（Hu 和 Schiantarelli，1998）。借鉴 Hansen（2000）、Baum（2013），本书构造如下统计量检验门槛效应：

$$F_T = \sup_{\gamma \in S} F_T(\gamma) \tag{4.22}$$

其中：$F_T(\gamma) = T\left(\dfrac{\tilde{\sigma}_T^2 - \hat{\sigma}_T^2}{\hat{\sigma}_T^2}\right)$。

第四步，门槛值的显著性与置信区间。在确认门槛效应存在的情况下（ $\alpha_1 \neq \alpha_2$ ），需要检验门槛值是否等于真实值并构造门槛值的置信区间。Hansen（1997）指出，构造门槛值置信区间的最佳方法是利用似然比统计量构造出"非拒绝域"。对于原假设 $H_0 : \gamma = \gamma_0$ 而言，似然比统计量为：

$$LR(\gamma) = \frac{S(\gamma) - S(\hat{\gamma})}{\hat{\sigma}^2} \tag{4.23}$$

因此，估计出门槛值后，Hansen（1999）提出需要构建出一个非拒绝域的置信区间来检验 γ。与 Hansen（1999）、Caner 和 Hansen（2004）一致，本文构建的门槛值95%的置信区间为：

$$\Gamma = \{\gamma : LR(\gamma) \leq C(\alpha)\} \tag{4.24}$$

其中，$C(\alpha)$ 是似然函数的渐进分布的95%分位数，当 LR1（ γ_0 ）的值足够大使得其 P 值落在置信区间以外时，说明显著拒绝零假设 H_0，门槛估计值 γ 并不等于实际上的门槛值 γ_0，详细见 Hansen（1999）。

4. 门槛值确定后，采用 GMM 估计面板模型

解释变量的内生性问题会使得传统参数估计方法的估计结果出现有偏性和非一致性，为了克服内生性偏误，同时考虑到广义矩估计（GMM）

方法允许随机误差项存在异方差和序列相关性，本书采用 GMM 估计方法对模型进行估计。

以上分析主要讨论动态面板单一门槛模型，动态面板多重门槛模型的估计和检验只需对上述方法进行拓展。以双重门槛为例：首先，利用简化式回归所得的预测值作为内生解释变量的工具变量，其次，参照上述方法估计出第一个门槛值 $\hat{\gamma}_1$，并在假设 $\hat{\gamma}_1$ 为已知的基础上用相同的方法估计第二个门槛值 γ_2。为了保证两个门槛值均渐进有效，需要在假设 $\hat{\gamma}_2$ 为已知的基础上再重新估计第一个门槛值 γ_1。当两个门槛值确定后，需要检验门槛效应并估计模型参数。详细估计与检验过程可见 Hansen（1999）、Caner 和 Hansen（2004）。

三　实证结果与分析

考虑到结果的稳健性，本书不仅估计了动态面板门槛还估计了静态面板门槛，鉴于经济增长存在持续性，本书以动态面板门槛估计的结果为主进行分析阐述，以静态面板门槛模型的结果作为稳健性结果进行对照。估计门槛模型之前，必须首先检验模型是否存在门槛效应（Hu 和 Schiantar-elli，1998），并确定门槛模型是单一门槛、双重门槛还是三重门槛。通过拔靴法 bootstrap（300 次）的门槛效应检验如表 4-3 和表 4-4 所示。

表 4-3　　　　　　　　动态面板门槛效应检验

模型	自抽样临界值					
	F 值	P 值	BS 次数	0.01	0.05	0.1
单一门槛	8.671**	0.03	300	14.796	7.146	5.115
双重门槛	6.941	0.103	300	20.100	12.047	7.035
三重门槛	6.150	0.22	300	20.162	11.856	8.844

说明：*** 、** 和 * 分别表示在 1%、5% 和 10% 水平上显著，P 值为 bootstrap 后得到的。

表 4-4　　　　　　　　静态面板门槛效应检验

模型	自抽样临界值					
	F 值	P 值	BS 次数	0.01	0.05	0.1
单一门槛	12.352**	0.02	300	16.394	8.974	6.514

续表

模型	自抽样临界值					
	F 值	P 值	BS 次数	0.01	0.05	0.1
双重门槛	2.496	0.153	300	12.84	7.142	3.14
三重门槛	6.925	0.113	300	23.85	10.43	7.275

说明：*** 、** 和 * 分别表示在 1%、5% 和 10% 水平上显著，P 值为 bootstrap 后得到的。

由表 4-3 和表 4-4 可以看出，无论是静态面板门槛还是动态面板门槛，单一门槛的 P 值均小于 0.05，而双重门槛和三重门槛模型的 P 值则大于 0.1。因此，本书在 5% 的显著性水平下接受单一面板门槛模型，并对单一面板门槛模型进行估计，结果如表 4-5 所示。

表 4-5　　　　　　　　　　门槛模型估计结果

变量	静态	动态
Gdp（−1）		0.012 （0.27）
Capital	0.0053* （1.31）	0.013 （1.56）
Hcapital	0.0042 （1.53）	0.009 （1.23）
Tax	−0.0291 （−1.34）	−0.035*** （2.51）
Urban	0.129 （5.14）	0.18 （5.06）
Czzc（czzc<$\hat{\gamma}$）	0.112** （2.95）	0.121* （2.83）
Czzc（czzc>$\hat{\gamma}$）	0.026 （2.35）	−0.006 （−2.71）
财政支出门槛值	0.198	0.249
门槛值置信区间	[0.144, 0.221]	[0.226, 0.314]

说明：*** 、** 和 * 分别表示在 1%、5% 和 10% 水平上显著。

由表 4-5 可知，静态面板门槛与动态面板门槛估计的门槛值分别为 0.198 与 0.249。静态面板门槛值 0.198 将观测值分隔为 2 个区间，共有 119 个观测值位于低区间，121 个观测值位于高区间。动态面板门槛值 0.249 将观测值分隔为 2 个区间，共有 186 个观测值位于低区间，72 个观测值位于高区间。静

态面板门槛值的置信区间如图 4-2 所示，动态面板门槛的置信区间如图 4-3
所示。

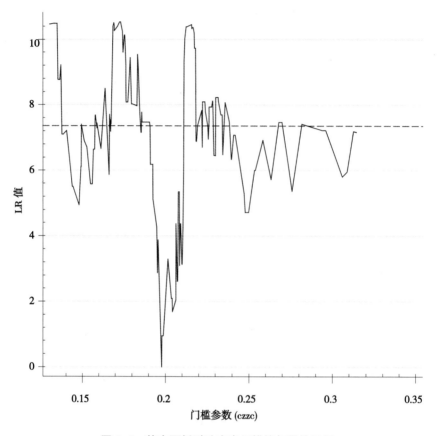

图 4-2 静态面板财政支出门槛值与置信区间

　　根据单一面板门槛模型的回归结果显示，财政支出与经济增长的关系
是由财政支出规模分隔的分段函数。由静态面板门槛模型可见，当财政支
出规模（财政支出占 GDP 的比例）小于 19.8% 的门槛值时，财政支出的系
数估计值为 0.112，说明增加财政支出对经济增长有明显的促进作用。当财
政支出规模（财政支出占 GDP 的比例）大于等于 19.8% 时，估计系数是
0.026，财政支出虽然与经济增长正相关，但不显著，且对经济增长的影响
趋近于 0。动态面板门槛值的区分效果明显强于静态面板门槛，当财政支出
规模（财政支出占 GDP 的比例）小于 24.9% 的门槛值时，系数估计值为
0.121，且在 10% 的显著性水平下显著，说明此时财政支出对经济增长有积

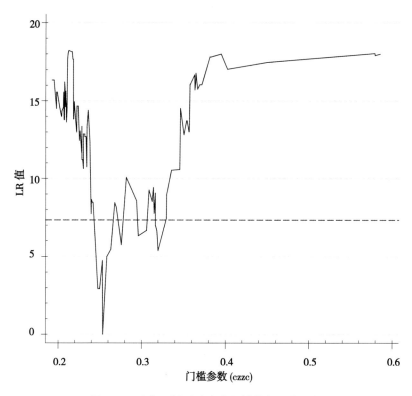

图4-3 动态面板财政支出门槛值与置信区间

极的促进作用。当财政支出规模（财政支出占 GDP 的比例）大于等于24.9%时，系数估计值为-0.006，说明此时财政支出对经济增长的作用已由正相关转换为负相关关系，财政支出的扩张只会阻碍经济的增长。

以上分析结果说明财政支出最优规模的区间为（0.198，0.249），财政支出由积极作用转换为阻碍作用的门槛值为24.9%，这一结果与马树才、孙长清（2005）的结果一致，这说明了结果的可靠性。当财政支出规模低于24.9%时，增加财政支出将对经济增长有积极的正向影响，然而，一旦地方政府财政这次达到门槛值，这种积极影响将会变得不显著，甚至阻碍经济增长。

此外，由于模型估计过程中使用了多个同期变量，模型的内生性存疑。为了避免内生性问题，借鉴 Chortaleas 和 Uctum（2004）的做法，本文将所有变量改为滞后一阶检验门槛值的稳健性。研究发现，在稳健性检验中，财政支出的门槛值为 22.4%，当财政支出负担率低于 22.4% 时，财政支出对经济增长的影响是积极和显著的，当财政支出负担率高于 22.4% 时，财政支出阻碍了经济增长。财政支出的门槛效应没有受到回归方程滞后一期的影响，不管修正前后，都呈现显著的门槛效应特征，说明财政支出规模对经济增长的影响存在门槛效应。

由稳健性检验可知，财政支出门槛值并不稳定，门槛值会随着模型和样本选择的不同而不同，但财政支出门槛值的存在性是稳定的，说明财政支出与经济增长之间存在一个促进经济增长的财政支出最优规模。综合以上分析，本书认为在当前经济运行环境下，财政支出门槛值为 24.9%，当财政支出水平低于这一门槛值时，财政支出会促进经济的增长；而财政支出水平超过门槛值，财政支出与经济增长的关系可能会逆转，政府应注意控制财政支出规模，不盲目扩张，并根据不同的经济状况及时调整政府的财政支出规模。

第四节　财政支出结构影响经济增长的门槛效应：基于动态面板门槛模型的分析

Devarajan 等（1996）研究认为生产性支出存在一个促进经济增长的最优规模，当生产性财政支出规模超过这个最优规模时，其对经济增长的影响将会由积极正向影响变得不显著，甚至可能逆转进而阻碍经济的增长。严成樑、龚六堂（2009）也认为不能盲目扩张生产性财政支出的规模，财政生产性支出对经济增长的影响取决于生产性财政支出与其他类型的财政支出对经济增长作用力度的权衡。之后，张淑翠（2011）以我国 1997—2009 年的省级面板数据为样本研究发现我国省级地方政府财政一般预算支出结构对经济增长存在非线性影响，并利用面板平滑转移模型得到财政生产性支出与非生产性支出的最优结构为 1.643。以上学者的研究表明，不同种类的财政支出具有不同的外部性，财政支出对经济增长的影响不仅取决于财政支出的总规模，更取决于财政支出的结构。为了能以最低的税收扭曲成本实现经济的快速增长，需要优化政府生产性支出与非生产性支出的比例。因此，本书进一步分析经济增长视角下财政生产性支出与非生产性支出比例的门槛值。

一　计量模型的设定

为了分析财政支出结构的门槛值，借鉴 Hansen（1999）、Caner 和 Hansen（2004）的做法，本书最终设定的面板门槛模型为：

$$y_{it} = \mu_i + \alpha_1 Czzc_{it} I(G_{it} \leqslant \hat{\gamma}) + \alpha_2 Czzc_{it} I(G_{it} > \hat{\gamma}) + \beta_j X_{it} + \varepsilon_{it}$$

$$(4.25)$$

其中：i 表示省份、t 表示相应的年份，μ_i 表示个体效应，α_i 是门槛变量的系数，β_j 是控制变量的系数，$I(.)$ 代表指示函数。财政生产性支出与非生产性支出的比例 G_{it} 为门槛变量，γ 是门槛值。X_{it} 表示一组控制变量，包括上文所提出的滞后一期人均国内生产总值 Gdp_{it}，投资率 $Capital_{it}$，代表人力资本的平均受教育年限 $Hcapital_{it}$，宏观税负水平 Tax_{it}，以及城市化率 $Urban_{it}$。

同时考虑在现有财税体制下，地方政府在财政体制和政治晋升的双重激励下具有强烈的投资动机，为了政绩不断扩大地方财政支出中经济性支出的比例，因此本书除了将财政支出划分为生产性与非生产性加以研究外，还将财政支出划分为经济性支出与非经济性支出两类，具体项目划分如表4-6和表4-7所示。

表4-6　　　　　　　　　　　财政生产性支出与非生产性支出

生产性支出	1. 城乡社区支出；2. 农林水支出；3. 交通运输支出；4. 资源勘探信息等支出；5. 商业服务等支出；6. 金融支出；7. 援助其他地区支出；8. 国土海洋气象等支出；9. 粮油物资储备；10. 国债还本付息支出；11. 其他支出；12. 科学技术支出；13. 教育支出
非生产性支出	1. 社会保障和就业支出；2. 医疗卫生与计划生育支出；3. 文化体育与传媒支出；4. 节能环保支出；5. 住房保障支出；6. 一般公共服务；7. 外交支出；8. 国防支出；9. 公共安全

表4-7　　　　　　　　　　　财政经济性支出与非经济性支出

非经济类支出	1. 教育支出；2. 科学技术支出；3. 文化体育与传媒支出；4. 社会保障和就业支出；5. 医疗卫生与计划生育支出；6. 节能环保支出；7. 住房保障支出；8. 一般公共服务；9. 外交支出；10. 国防支出；11. 公共安全

续表

经济类支出	1. 城乡社区支出；2. 农林水支出；3. 交通运输支出；4. 资源勘探信息等支出；5. 商业服务等支出；6. 金融支出；7. 援助其他地区支出；8. 国土海洋气象等支出；9. 粮油物资储备；10. 国债还本付息支出；11. 其他支出

二　模型的估计方法

为了避免主观判断划分区间所造成的估计偏差和错误，Hansen（1999）提出用两阶段线性最小二乘法估计并检验门槛模型的有效性。估计步骤如下：第一步，固定门槛值（γ），利用最小二乘法分别求出残差平方和（Sum of Square Errors）；第二步，利用第一步得到的最小残差平方和反推估计门槛值 γ。最后代入门槛值估计模型并对结果进行分析。

Hansen（1999）研究了静态面板门槛模型，该模型的解释变量具有不能包含内生解释变量的限制，而在现实经济现象中内生解释变量却普遍存在，这使得 Hansen 的方法不能得到广泛应用。为此，Caner 和 Hansen（2004）提出了带有内生解释变量和外生门槛变量的门槛模型。与静态面板门槛模型不同，Caner 和 Hansen（2004）利用简化式模型对内生变量进行一定的处理，然后应用 2SLS 或者 GMM 对参数进行估计。考虑到经济增长率的持续性，模型（4.25）的解释变量里含有被解释变量的滞后项，需要在 Caner 和 Hansen（2004）的基础上对模型进行扩展。因此，与上文一致，本部分主要借鉴 Kremer（2013）、Baum（2013）处理动态面板门槛模型的方法对模型（4.25）进行估计，具体估计步骤见上文 4.3.2。

三　实证结果与分析

根据 Hu 和 Schiantarelli（1998），在估计门槛模型时，首先需要检验模型中是否存在门槛效应（threshold effect），并确定门槛模型是单一门槛、双重门槛还是三重门槛。通过拔靴法 bootstrap（300 次）的门槛效应检验如表 4-8 和表 4-9 所示。

表 4-8　　　　　　　　　　政府生产性支出面板门槛效应检验

模型	自抽样临界值					
	F 值	P 值	BS 次数	0.01	0.05	0.1
单一门槛	10.352 *	0.090	300	21.570	15.54	11.358
双重门槛	5.953	0.273	300	29.540	14.819	10.382
三重门槛	2.780	0.243	300	12.259	8.110	5.795

说明：***、** 和 * 分别表示在 1%、5% 和 10% 水平上显著，P 值为 bootstrap 后得到的。

表 4-9　　　　　　　　　　政府经济性支出面板门槛效应检验

模型	自抽样临界值					
	F 值	P 值	BS 次数	0.01	0.05	0.1
单一门槛	8.931 **	0.040	300	17.568	7.613	5.694
双重门槛	5.477	0.150	300	16.59	9.815	7.003
三重门槛	1.895	0.290	300	12.706	6.260	4.498

说明：***、** 和 * 分别表示在 1%、5% 和 10% 水平上显著，P 值为 bootstrap 后得到的。

由表 4-8 和表 4-9 可以看出，生产类与非生产类比例的单一门槛的 P 值小于 0.1，在 10% 的显著性水平下接受单一门槛模型；经济类与非经济类比例的单一门槛的 P 值小于 0.05，说明在 5% 的显著性水平下接受单一面板门槛模型。因此，本书分别以生产类与非生产类比例和经济类与非经济类比例为门槛值进行单一面板门槛分析，具体结果如表 4-10 所示。

表 4-10　　　　　　　　　　门槛模型估计结果

变量	政府经济性支出	政府生产性支出
Gdp（-1）	0.005	0.024
	(0.12)	(0.74)
Capital	0.011 *	0.003 *
	(1.22)	(0.38)
Hcapital	0.0042	0.008 ***
	(1.53)	(2.23)
Tax	-0.13 *	-0.12 ***
	(1.28)	(-2.29)
Urban	0.18 ***	0.20
	(3.86)	(4.25)
Czzc（G<G *）	0.032 *	0.091 **
	(1.43)	(1.71)

续表

变量	政府经济性支出	政府生产性支出
Czzc（G>G*）	−0.024 （−2.35）	−0.005 （2.51）
财政支出结构门槛值	0.551	1.307
门槛值置信区间	［0.476，0.552］	［1.239，1.370］

说明：*** 、** 和 * 分别表示在 1%、5% 和 10% 水平上显著，G* 表示门槛值。

由表 4-10 可知，政府经济性支出与非经济性支出的门槛值为 0.551，政府生产性支出与非生产性支出的门槛值为 1.307。政府经济性支出与非经济性支出的 0.551 将观测值分隔为 2 个区间，共有 104 个观测值位于低区间，136 个观测值位于高区间。政府生产性支出与非生产性支出的门槛值 1.307 将观测值分隔为 2 个区间，共有 158 个观测值位于低区间，82 个观测值位于高区间。

根据面板门槛模型的回归结果显示，政府经济性支出与非经济性支出的比例小于 55.1% 的门槛值时，增加财政支出将是显著且有意义的，系数估计值为 0.032。政府经济性支出与非经济性支出的比例大于等于 55.1% 时，财政支出的系数估计值为−0.024，但不显著。说明此时财政支出与经济增长的影响已经由挤入效应逆转为挤出效应。政府生产性支出与非生产性支出的面板门槛值的区分效果更好，对经济的拉动作用相对也较大，当生产性支出与非生产性支出的比例小于 1.307 的门槛值时，增加财政支出将是显著且有意义的，系数估计值为 0.091；当生产性支出与非生产性支出的比例大于等于 1.307 时，财政支出与经济增长之间的关系为替代效应，财政支出的增加将会挤出经济增长。

本章小结

本章首先构建数理模型分析财政支出对经济增长的影响，然后通过在模型中引入财政支出的二次项分析财政支出对经济增长的非线性影响，考虑到经济增长具有持续性，本书利用动态面板系统矩估计（SYSGMM）对模型进行分析，实证结果表明，财政支出二次项的系数显著为负，说明财政支出与经济增长存在明显的倒 U 形关系。

　　其次，实证检验说明财政支出与经济增长存在倒 U 形关系。那么，必定存在一个由正向拉动作用转为负向阻碍作用的拐点，即存在一个促进经济增长的财政支出门槛值。为了避免主观判断划分区间所造成的估计偏差和错误，同时考虑到解释变量里含有被解释变量的滞后项，本书借鉴 Kremer（2013）、Baum（2013）处理动态面板门槛模型的方法求解动态面板门槛模型，结果显示，财政支出的门槛值为 0.249。这一结果与马树才、孙长清（2005）的结果一致，这说明了结果的可靠性。由稳健性检验可知，财政支出门槛值并不稳定，门槛值会随着模型和样本选择的不同而不同，但财政支出门槛值的存在性却是稳定的，说明财政支出与经济增长之间存在一个促进经济增长的财政支出门槛值。综合以上分析，本书认为在当前经济运行环境下，财政支出门槛值为 24.9%，当财政支出水平低于这一门槛值时，财政支出会促进经济的增长；而财政支出水平超过门槛值时，财政支出与经济增长的关系可能会逆转，政府应注意控制财政支出规模，不盲目扩张，并根据不同的经济状况及时调整政府的财政支出规模。

　　最后，由于不同种类的财政支出具有不同的外部性，财政支出对经济增长的影响不仅取决于财政支出的总规模，更取决于财政支出的结构。为了能以最低的税收扭曲成本实现经济的快速增长，需要优化政府生产性支出与非生产性支出的比例。因此，本书利用面板门槛模型进一步分析经济增长视角下财政生产性支出与非生产性支出的最优比例。结果显示政府生产性支出与非生产性支出的面板门槛值为 1.307，当生产性支出与非生产性支出的比例小于 1.307 的门槛值时，增加财政支出将是显著且有意义的，系数估计值为 0.091；当生产性支出与非生产性支出的比例大于等于 1.307 时，财政支出与经济增长为负相关，财政支出的增加将会阻碍经济增长。同时考虑在现有财税体制下，地方政府在财政体制和政治晋升的双重激励下具有强烈的投资动机，为了政绩不断扩大财政支出中经济性支出的比例，因此本书也分析了政府经济类与非经济类财政支出比例的门槛值，结果显示政府经济性支出与非经济性支出比例的门槛值为 0.551。

第五章 财政支出对居民消费的门槛效应

由上文的分析可知财政支出对经济增长的影响存在门槛效应，而财政支出影响经济增长的重要渠道之一是居民消费。那么，财政支出对居民消费的影响是否也存在门槛效应？换言之，财政支出对居民消费的挤入效应与挤出效应之间存在拐点吗？为了回答这一问题，本部分从理论和实证角度系统地分析财政支出对居民消费的影响，并利用静态和动态面板门槛模型求解财政支出影响居民消费的门槛值。

第一节 财政支出对居民消费的影响：
基于理论模型的分析

在对财政支出与居民消费之间的门槛效应进行实证检验之前，需要明确财政支出影响居民消费的理论机制。因此，本部分通过构建理论模型分析财政支出对居民消费的影响。

一 模型构建

1. 私人部门

假定经济体中存在的多个家庭都是同质的，且每个家庭做出的最优决策也是一样的，并假定人口规模恒定且标准化为 1。$C(t)$ 表示家庭在 t 时期的消费，则在收入预算约束式下，代表性家庭的消费效用最大化可以表示为：

$$\max \int_0^\infty e^{-\rho t} C(t) \, dt \tag{5.1}$$

其收入预算约束为：

$$\Delta K + \Delta B = rB + (1 - \tau) Y - C \tag{5.2}$$

其中，ρ 为代表性家庭的时间偏好系数，r 表示利率水平，并假设效用函数为对数形式，Y 表示经济总产出，K 表示私人资本，B 表示公共债务，ΔK 和 ΔB 表示二者不考虑资本折旧的变动，τ 表示税率且 $\tau \in (0,\ 1)$。本书采用柯布－道格拉斯生产函数进行分析，即：

$$Y = AH^{\alpha}K^{\beta} \tag{5.3}$$

其中，A 代表技术水平，H 代表公共资本存量。参数 α 表示总产出对公共资本的弹性系数，β 表示总产出对私人资本的弹性系数，且 $\alpha + \beta = 1$。在平衡状态下，利率水平等于私人资本的边际产出，即：

$$r = (1-\tau)(1-\alpha)AK^{-\alpha}H^{\alpha} \tag{5.4}$$

2. 政府

假设政府主要通过发行债务来弥补财政赤字，且存在借新还旧的行为，则政府的预算约束可表示为：

$$\Delta B = rB + G - \tau Y \tag{5.5}$$

其中，τY 表示税收，G 表示财政支出，在不考虑资本折旧的情况下，则有：

$$\Delta H = G \tag{5.6}$$

假定政府遵循跨期预算限制，即 $\lim_{t\to\infty} e^{-rt}B(t) = 0$，则意味着公共赤字小于或等于财政支出，即：

$$\Delta B = \psi G \tag{5.7}$$

其中，

$$\psi \in [0,\ 1] \tag{5.8}$$

二　模型分析与结论

对代表性家庭的消费效用进行最优化求解，并结合式（5.4），得到人均消费增长率，即：

$$g_c = \frac{\Delta C}{C} = -\rho + (1-\tau)(1-\alpha)A\left(\frac{H}{K}\right)^{\alpha} \tag{5.9}$$

进一步，结合家庭收入约束方程（5.2）以及政府预算约束方程（5.5），可以得到私人资本的增长率，即：

$$g_K = \frac{\Delta K}{K} = A\left(\frac{H}{K}\right)^{\alpha} - \frac{C}{K} - \left(\frac{G}{H}\right)\left(\frac{H}{K}\right) \tag{5.10}$$

而公共债务和公共资本的增长率，可以通过式（5.5）—式（5.8）

得到，即：

$$g_B = \frac{\Delta B}{B} = \psi \left(\frac{H}{K}\right)\left(\frac{K}{B}\right)\left(\frac{\Delta H}{H}\right) \tag{5.11}$$

$$g_H = \frac{\Delta H}{H} = (1 - \psi)^{-1}\left[\tau A \left(\frac{H}{K}\right)^{\alpha-1} - (1 - \tau)(1 - \alpha)A\left(\frac{H}{K}\right)^{\alpha-1}\frac{B}{K}\right] \tag{5.12}$$

假定技术水平 A 的增长率为 0，此时

$$g_Y = \frac{\Delta Y}{Y} = (1 - \alpha)g_K + \alpha g_H \tag{5.13}$$

进一步假定，$\psi = 1$，即公共债务全部用于财政支出，在平衡增长路径上，如下关系成立：

$$g_B = g_H \tag{5.14}$$

从式（5.11）和式（5.14）可以看出，$H = B$，$\Delta B = \Delta H$，进一步从式（5.5）—式（5.8）可以得到：

$$\tau Y = rH \tag{5.15}$$

利用上述条件，可以得到：

$$\frac{H}{K} = \frac{\tau}{(1 - \tau)}\frac{1}{(1 - \alpha)} \tag{5.16}$$

式（5.16）意味着在平衡增长路径上，公共资本与私人资本的比例是税率 τ 和公共资本产出弹性 α 的函数。

将式（5.16）代入式（5.9），可以得到人均消费的增长率表达式，即：

$$g_C = -\rho + A(1 - \tau)^{1-\alpha}\tau^{\alpha}(1 - \alpha)^{1-\alpha} \tag{5.17}$$

通过方程（5.17）可以看出，人均消费的均衡增长率与公共资本与私人资本的比率，即 $\frac{H}{K}$ 呈现出非线性关系，通过求导可以得到，当 $\tau = \alpha$ 时，g_C 取得极大值，此时 $H = K\dfrac{\tau}{(1 - \tau)^2}$，且由式（5.6）可知，财政支出对居民消费存在非线性影响。

第二节　财政支出对居民消费的影响：
基于空间面板模型的分析

一　计量模型的设定

由上文的理论模型可知，财政支出与居民消费之间存在非线性效应，为了进一步分析财政支出对居民消费的非线性影响，同时考虑到居民消费具有空间相关性，本部分通过引入财政支出的二次项，并利用空间面板模型分析财政支出与居民消费之间的倒 U 形关系，构建模型如下：

$$y_{it} = \mu_i + \alpha_1 Czzc_{it} + \alpha_2 Czzc_{it}^2 + \beta_j X_{it} + \varepsilon_{it} \qquad (5.18)$$

其中：i 表示不同省份、t 表示相应的年份，μ_i 表示不随时间变化的个体效应，ε_{it} 表示随机干扰项。y_{it} 表示 i 县（市、区）在 t 时期的居民消费率。$Czzc_{it}$ 表示 i 省份在 t 时期的财政支出占 GDP 的比值，$Czzc_{it}^2$ 表示财政支出占 GDP 的二阶项，用于分析财政支出对居民消费的非线性影响。

X_{it} 表示一组控制变量，根据凯恩斯绝对消费理论，居民的消费行为主要取决于当期的可支配收入，因此本书选取 Sr_{it} 表示人均可支配收入[①]；$Capital_{it}$ 表示投资率，本书用全社会固定资产投资与 GDP 之比衡量；Tax_{it} 表示宏观税负水平，根据新古典经济学理论，税收会降低居民可支配收入，进而会对居民消费产生挤出效应，参考通常做法，本书用各省财政收入占各省 GDP 的比重来衡量。考虑到结果的稳健性，本书还加入以下变量检验结果的稳健性，Cj_{it} 表示居民收入差距，借鉴林毅夫（1998）、李文星等（2008）以及陈春良等（2009）的分析，居民边际消费倾向会随着居民收入差距的扩大而降低，进而对居民消费产生挤出效应。而城乡收入差距能在很大程度上解释居民收入差距，因此本书使用城乡收入差距作为居民收入差距的替代变量，即用城镇居民人均可支配收入与农村居民人均纯收入的比值来衡量；人口结构包括：Cdr_{it} 表示少年抚养比，参考通常做

[①]　人均可支配收入为城镇可支配收入与农村人均纯收入的加权平均数，权数分别为：城镇人口占总人口的比重、农村人口占总人口的比重。

法，用 0—14 岁的人口数占 15—64 岁的人口数来衡量。Odr_{it} 表示老年抚养比，参考通常做法，用 65 岁的人口数占 15—64 岁的人口数来衡量。$Industry_{it}$ 表示产业结构变量，根据万广华（2008）的研究，许多发展中国家产业结构的不合理会引起居民收入的不均等，进而引起居民消费的失衡，本书用第二产业增加值占第一、第三产业的比重来衡量。$Governc_{it}$ 表示政府消费，用国内生产总值支出法结构中政府消费支出的数据来衡量。$Urban_{it}$ 表示城市化进程，用农村人口比重（POP-SHR）来考察城市化对经济增长的影响。

二　数据来源和数据处理

鉴于本书主要分析 2007 年金融危机后政府扩张性财政政策对经济增长的影响，因此选择我国 30 个省份 2007—2014 年的面板数据进行计量分析，同时为了剔除通货膨胀对变量的影响，用 GDP 平减指数（2007 年为基期＝100）将人均 GDP 折算为各省实际人均 GDP，其余指标均利用消费者物价指数（CPI）以 2007 年为基期进行调整。所有数据均来自历年《中国统计年鉴》（2008—2015）和 Wind 数据库，数据的统计特性如表 5-1 所示。

表 5-1　　　　　　　　　样本数据的统计分析

变量名	含义	平均值	标准差	最小值	最大值
y	居民消费率	0.341	0.055	0.229	0.541
Czzc	财政支出	0.246	0.187	0.087	0.63
Income	人均可支配收入	9.266	0.443	8.388	10.494
Incomed	城乡收入差距	2.997	0.558	1.83	4.498
Odr	老人抚养比	0.123	0.025	0.067	0.200
Cdr	少年抚养比	0.231	0.066	0.096	0.422
Gdp	人均 Gdp 对数	10.357	0.538	8.792	11.564
Governc	政府消费	0.153	0.061	0.08	0.44
Changye	产业结构	0.129	0.073	0.005	0.428
Capital	投资率	0.738	0.200	0.326	1.493
Openness	进出口额	0.323	0.391	0.028	0.779
Tax	宏观税负	0.077	0.029	0.034	0.195
Urban	城市化率	0.487	0.143	0.104	0.774

说明：数据来源于中国统计年鉴和 Wind 数据库。

三　计量方法的确定

虽然各省的居民消费水平由于经济发展和风俗习惯的不同而存在差异，但地域的相近使得各省之间存在紧密的联系，正如 Tobler（1979）所言，所有事物都与其他事物相关，并且距离较近的事物比较远的事物更相关。因此，各省间的居民消费行为存在一定程度的空间相关性，忽略空间效应将使得经典的计量模型估计参数有偏或无效。因此，考虑到空间效应的存在性，本文使用空间面板模型分析财政支出对居民消费的影响。

1. 空间面板模型的类型

由于不同变量存在不同的空间相关性，要准确衡量空间相关性，需要在模型估计之前明确是否存在空间效应和空间计量模型的类型。根据不同变量的空间相关性，空间计量模型分类如下：

如果相邻地区的被解释变量存在空间依赖性，即地域相邻将使不同地区的居民消费可能存在空间相关性，则需要采用空间滞后面板模型（Spatial Lag Panel Data Model，SPLM）：

$$y_{it} = \rho \sum_{j=1}^{n} w_{ij} y_{jt} + \alpha_1 Czzc_{it} + \alpha_2 Czzc_{it}^2 + \beta_j X_{it} + \mu_i + v_t + \varepsilon_{it} \quad (5.19)$$

其中，ρ 为空间滞后（自回归）系数，w_{ij} 为空间权重矩阵 W 的元素。

如果是扰动项 φ_{it} 存在空间相关性，即如果对被解释变量有影响但未被包含在解释变量中的遗漏变量存在空间相关性，或者不可观察到的随机冲击存在空间相关性（误差项存在空间相关性），则需要利用空间误差面板模型（Spatial Error Panel Data Model，SPEM）：

$$y_{it} = \alpha_1 Czzc_{it} + \alpha_2 Czzc_{it}^2 + \beta_j X_{it} + \varphi_{it}, \quad \varphi_{it} = \lambda \sum_{j=1}^{n} w_{ij} \varphi_{jt} + \varepsilon_{it}$$

$$(5.20)$$

其中，φ_{it} 表示空间自相关的误差项，λ 为空间误差（自相关）系数。

如果不仅被解释变量之间存在空间依赖性，而且被解释变量与相邻地区的解释变量也存在空间相关性，如由于不同地区政府间的财政支出存在正外部性，使本地区的居民消费不仅受本地区财政支出的影响，还可能依赖于相邻的地区财政支出，则此时需要利用空间杜宾面板模型（Spatial Durbin Panel Data Model，SPDM）：

$$y_{it} = \rho \sum_{j=1}^{n} w_{ij} y_{jt} + \alpha_1 Czzc_{it} + \alpha_2 Czzc_{it}^2 +$$

$$\zeta \sum_{j=1}^{n} w_{ij} x_{jt} + \beta_j X_{it} + \mu_i + v_t + \varepsilon_{it} \qquad (5.21)$$

其中，ρwy 表示相邻省份被解释变量的空间滞后变量，ζwx 表示相邻省份解释变量的空间滞后变量，ρ 为空间滞后被解释变量的系数，ζ 为空间滞后解释变量的系数。空间滞后模型（SPLM）和空间误差模型（SPEM）是空间杜宾模型（SPDM）的特例，若 ζ 为 0，则可将空间杜宾模型（SPDM）转化为空间滞后模型（SPLM）；若 $\zeta+\lambda\alpha$ 为 0，则可将空间杜宾模型（SPDM）转化为空间误差模型（SPEM）。

2. 空间计量模型的选择

按照 Anselin 等（2008）的研究结论，是否建立和选择空间滞后面板模型（SPLM）和空间误差面板模型（SPEM）的标准为：首先，利用传统的 OLS 估计不具有空间效应的混合模型，然后利用回归后得到的残差项进行拉格朗日乘子（LM_ lag 和 LM_ error）检验和稳健性的拉格朗日乘子（Robust LM_ lag 和 Robust LM_ error）检验，空间滞后面板模型（SPLM）对应的检验形式为 SPLM-LM（LM test no spatial lag）、SPLM-RLM（Robust LM test no spatial lag）；空间误差面板模型（SPEM）对应的检验形式为 SPEM-LM（LM test no spatial error）、SPEM-RLM（Robust LM test no spatial error）。空间相关性的检验可以利用拉格朗日乘子检验，其次，拉格朗日乘子检验还可以判断空间面板模型究竟选择滞后模型还是选择误差模型。检验标准为：首先，检验拉格朗日乘子（LM_ lag 和 LM_ error）的显著性，如果仅有 LM_ error 显著，则选择建立空间误差面板模型（SPEM）；如果仅有 LM_ lag 显著就建立空间滞后面板模型（SPLM）。其次，如果拉格朗日乘子都显著，则进一步检验稳健性的拉格朗日乘子 RLM_ lag 和 RLM_ error 的显著性，选择稳健性的拉格朗日乘子显著性较大的建立模型。最后，如果拉格朗日乘子（LM_ lag 和 LM_ error）检验和稳健性的拉格朗日乘子（Robust LM_ lag 和 Robust LM_ error）检验均不显著，则说明空间效应不显著，不需要构建空间面板模型。

空间杜宾模型（SPDM）可以转化为空间滞后模型（SPLM）和空间误差模型（SPEM），根据 Elhorst（2010），首先建立空间杜宾模型（SP-DM），然后再判断是否需要退化为空间滞后模型（SPLM）和空间误差模型（SPEM），判断的标准为：首先，利用 Wald_ spatial_ lag 和 LR_ spatial_ lag 检验判断 SPDM 能否退化为 SPLM；其次，利用 Wald_ spatial_ error 和 LR_ spatial_ error 检验方法判断 SPDM 能否退化为 SPEM。同时，利用 Hausman 检验选择空间固定效应模型和空间随机效应模型。

四　实证结果与分析

1. 居民消费水平空间相关性的统计描述

在利用空间面板模型进行估计之前，需要检验模型的空间相关性。因此，本书首先利用 Moran's I 指数分析居民消费的空间相关性。空间权重矩阵的选取是计算 Moran's I 指数和估计模型的关键，不同空间权重矩阵的构建会导致结果的不同。因此，除采用传统的地理邻接矩阵估计模型外，考虑到经济水平是影响居民消费的主要因素，本书还采用经济权重矩阵作为空间权重矩阵，具体的形式如下：

W_1 表示地理空间权重矩阵，地理空间权重矩阵为传统的 0—1 邻接矩阵，即地理相邻接壤的地区取值为 1，其他为 0，即：

$$W_G = \left\{ \frac{d_{ij}}{\sum_j d_{ij}} \right\}, \ d_{ij} = \left\{ \begin{matrix} 1, & i \neq j \\ 0, & i = j \end{matrix} \right\}$$

W_2 表示经济空间权重矩阵，经济空间权重矩阵采用样本期内人均 GDP 对数值的均值差的绝对值表示。即：

$$W_G = \left\{ \frac{e_{ij}}{\sum_j e_{ij}} \right\}, \ e_{ij} = \frac{1}{|gdp_i - gdp_j|}, \ i \neq j$$

本书分别采用地理空间邻接矩阵和经济空间权重矩阵来计算 2007—2014 年我国 31 个省的空间相关 Moran's I 指数，具体结果如表 5-2 和表 5-3所示。

表 5-2　　　　　　　　空间邻接权重矩阵 Moran's I 指数

年份	Moran's I 指数	P-value
2007	0.382	0.001
2008	0.384	0.001
2009	0.303	0.001
2010	0.277	0.004

续表

年份	Moran's I 指数	P-value
2011	0.229	0.014
2012	0.182	0.043
2013	0.143	0.076
2014	0.103	0.096

表 5-3　　　　　　　　　　空间经济权重矩阵 Moran's I 指数

年份	Moran's I 指数	P-value
2007	0.281	0.002
2008	0.284	0.002
2009	0.279	0.003
2010	0.287	0.002
2011	0.285	0.002
2012	0.256	0.006
2013	0.251	0.007
2014	0.224	0.014

由表 5-2 和表 5-3 可知,在 2007—2014 年,无论是利用地理空间权重矩阵还是经济空间权重矩阵,我国 31 个省份的居民消费 Moran's I 指数均显著为正,这说明我国 31 个省份的居民消费存在显著的正向空间自相关性(均通过 10% 的显著性水平检验)。

2. 空间面板计量经济模型的估计

为了比较和选择空间面板模型的类型,本书首先估计无空间效应的面板模型,表 5-4 的模型是传统无空间效应的面板固定效应模型,由于 Hausman 检验值为 11.021,在 0.2% 的显著性水平上拒绝了原假设,认为个体效应与解释变量无关。因此,本书以传统固定效应模型为稳健性分析,将其结果与空间面板模型进行比较分析。

表 5-4　　　　　　　　　　无空间效应的面板模型

变量	(1) 混合模型	(2) 固定效应	(3) 随机效应
Czzc	0.138* (1.71)	0.022 (0.31)	0.015 (0.82)

续表

变量	（1）	（2）	（3）
	混合模型	固定效应	随机效应
CZZC2	−0.176***	−0.005***	−0.008**
	(3.11)	(−1.17)	(0.31)
Income	0.059*	0.005	0.015
	(4.81)	(0.43)	(1.25)
Capital	−0.059***	−0.035**	−0.030*
	(−3.34)	(−2.17)	(−1.95)
Tax	0.023*	0.012*	0.013*
	(−2.53)	(0.66)	(0.67)
LM−lag test	203.784 (0.001)	78.365 (0.001)	253.944 (0.001)
LM−error test	0.143 (0.705)	0.867 (0.351)	0.154 (0.851)
RLM−lag test	197.608 (0.002)	139.65 (0.001)	274.761 (0.001)
RLM−error test	6.319 (0.012)	61.152 (0.002)	20.824 (0.003)
AdjR2	0.247	0.127	0.146

说明：***、**和*分别表示在1%、5%和10%水平上显著。

其次，空间面板模型估计之前，需要在空间滞后面板模型（SPLM）和空间误差面板模型（SPEM）之间进行选择。根据 Anselin 等（2008）的研究结论，选择空间滞后面板模型（SPLM）和空间误差面板模型（SPEM）的标准为：利用传统面板模型 OLS 回归后得到的残差项进行拉格朗日乘子（LM_ lag 和 LM_ error）检验和稳健性的拉格朗日乘子（Robust LM_ lag 和 Robust LM_ error）检验，然后通过比较显著性决定模型的选择。从表 5-4 中混合回归残差的 LM 及其 Robust LM 检验结果可以看出，空间滞后面板模型（SPLM）的拉格朗日乘子检验的值（LM_ error）在 1% 的显著性水平下显著，而空间误差面板模型（SPEM）的拉格朗日乘子检验的值（LM_ error）并不显著。虽然两种面板的稳健性拉格朗日乘子检验都很显著，但 Robust LM_ lag 的 P 值远远小于 Robust LM_ error 的 P 值。考虑到随着模型设定的不同，残差的 LM 检验的结果会存在差异，本书还利用 LM 检验固定效应模型和随机效应模型，检验结果和混合回归的结果一致，说明选择空间滞后面板模型（SPLM）更加合理。

再次，由于空间滞后模型（SPLM）和空间误差模型（SPEM）是空间杜宾模型（SPDM）的特例，本书利用 Wald 和 LR 检验进一步判断是否退化为空间滞后模型（SPLM）和空间误差模型（SPEM）。检验结果显示，Wald_ spatial_ lag 和 LR_ spatial_ lag 的值分别为 7.073 和 1.940，其 P 值分别为 0.223 和 0.331，而 Wald_ spatial_ error 和 LR _ spatial _ error 值分别为 2.563 和 4.652，其 P 值分别为 0.261 和 0.165，均未通过 10% 的显著性水平检验，说明不能拒绝 ζ=0 和 ζ+λα=0 的原假设。根据 Wald 检验和 LM 检验的结果可知，与空间杜宾面板模型 SPDM 相比，选择空间滞后面板模型 SPLM 更为合适。

最后，通过 Hausman 检验结果显示：Hausman 统计量的值为 23.56（伴随概率为 0.012），说明拒绝个体效应与解释变量无关的原假设，选择空间面板固定效应模型。为了全面分析财政支出对居民消费的影响，本文对空间滞后模型、空间误差模型和空间杜宾模型均进行了回归分析，回归结果如表5-5所示。

表 5-5　　　　　　　　财政支出与居民消费的空间计量结果

变量	(1) SPLM	(2) SPEM	(3) SPDM	(4) DSPLM
Czzc	0.047 * (2.62)	0.055 (0.67)	0.007 * (1.84)	0.042 * (2.95)
Czzc2	−0.109 ** (−2.06)	−0.117 *** (−2.07)	−0.092 * (−2.17)	−0.063 * (−2.34)
Income	0.014 (0.67)	0.083 (−0.65)	0.099 ** (5.82)	0.025 * (1.67)
Capital	−0.107 *** (−2.22)	−0.099 *** (−4.95)	−0.121 *** (−5.89)	−0.003 * (−2.29)
Tax	−0.179 * (−2.93)	−0.129 *** (−2.19)	−0.104 *** (2.73)	−0.152 * (2.33)
Wczzc			0.478 ** (1.75)	
Wczzc2			0.008 (0.03)	
Wincome			−0.069 ** (−2.20)	
WCapital			0.131 *** (3.21)	
WTax			−0.747 *** (1.81)	
ρ	0.556 *** (2.72)		0.530 *** (6.86)	0.676 *** (6.01)

变量	(1)	(2)	(3)	(4)
	SPLM	SPEM	SPDM	DSPLM
λ		0.607*** (8.04)		
AdjR2	0.891	0.852	0.841	0.825

说明：***、**和*分别表示在1%、5%和10%水平上显著。

由表5-5可知，模型（1）—模型（3）是静态空间面板模型的估计结果。模型（4）为动态空间面板模型的估计结果。通过上文的比较可知，与空间误差面板模型（SPDM）和空间杜宾模型（SPDM）相比，空间滞后面板模型（SPLM）更合适，因此，本书主要以空间滞后面板模型（SPLM）的估计结果为主进行分析阐述。由表5-5可知，在所有模型中，财政支出的二阶项均显著为负，说明财政支出与居民消费存在显著的倒U形关系。由模型（1）的估计结果可知，虽然财政支出一阶项对居民消费具有显著的正向促进作用，但系数估计值仅为0.047，说明财政支出对居民消费的拉动作用有限。财政支出的二阶项显著为负，系数值为-0.109，说明财政支出与居民消费存在显著的倒U形关系。空间滞后回归系数 ρ 的系数估计值为0.556，说明当邻近省份的居民消费每增加1%，将促进本省居民消费增加55.6%，这也进一步说明传统的不考虑居民消费的空间效应模型估计是有偏的。

由表5-5可见，居民收入的系数虽然为正，但只在模型（3）和模型（4）的两个模型中显著，说明随着经济的发展，居民可支配收入并不是影响居民消费的主要因素。投资的系数则在四个模型中均显著为负，说明投资对居民消费具有负向的阻碍作用。宏观税负的系数也在四个模型中显著为负，说明扩张的财政支出导致了高税收，而高税收则对居民消费产生了挤出效应。考虑到结果的稳健性，本书还加入居民收入差距、少年抚养比、老年抚养比和产业结构等变量对模型进行分析，结果显示，财政支出的二阶项均显著为负，说明财政支出与居民消费之间存在显著的倒U形关系这一结论具有较强的稳定性。

第三节　财政支出影响居民消费的门槛效应：
基于动态面板门槛模型的分析

上一节的实证研究结果表明，财政支出与居民消费之间存在显著的倒U形关系。为了克服主观划分区间的偏误，求解财政支出与居民消费之间非线性影响的拐点，同时根据杜森贝利（J. S. Duesenberry）的相对收入理论，消费者会受到自己惯有的消费习惯和周围消费水准的影响，忽视居民消费的动态持续性将导致结果的不一致。因此，本书借鉴 Hansen 和 Caner（2004）、Kremer（2013）的动态面板门槛方法求解财政支出影响居民消费的门槛值。

一　计量模型的设定

为了分析财政支出对居民消费的门槛效应，借鉴 Hansen（1999）、Caner 和 Hansen（2004）的做法，本书最终设定的面板门槛模型为：

$$y_{it} = \mu_i + \alpha_1 Czzc_{it}I(Czzc_{it} \leq \hat{\gamma}) + \alpha_2 Czzc_{it}I(Czzc_{it} > \hat{\gamma}) + \beta_j X_{it} + \varepsilon_{it}$$

$$(5.22)$$

其中：i 表示省份、t 表示相应的年份，μ_i 表示个体效应，α_i 是门槛变量的系数，β_j 是控制变量的系数，$I(.)$ 代表指示函数。财政支出占 GDP 的比例 $Czzc_{it}$ 为门槛变量，γ 是门槛值。X_{it} 表示一组控制变量，包括上文所提出的人均可支配收入 $income_{it}$，投资率 $Capital_{it}$，少年抚养比 Cdr_{it}，老人抚养比 Odr_{it}，宏观税负水平 Tax_{it}，贸易开放度 $Openness_{it}$ 以及城市化率 $Urban_{it}$。

二　实证结果与分析

根据杜森贝利的相对收入理论，居民消费存在动态持续性。因此，本书采用动态面板门槛进行分析，同时考虑到结果的稳健性，本书以静态面板门槛模型的结果作为稳健性结果进行对照。估计门槛模型之前，必须先检验模型是否存在门槛效应（Hu 和 Schiantarelli，1998），并确定门槛模型的类型。通过拔靴法 bootstrap（300 次）的门槛效应检验如表 5-6 和表

5-7 所示。

表 5-6 动态面板门槛效应检验

模型	自抽样临界值					
	F 值	P 值	BS 次数	0.01	0.05	0.1
单一门槛	6.080*	0.057	300	13.532	6.906	4.594
双重门槛	5.878	0.15	300	32.103	12.711	8.506
三重门槛	4.897	0.183	300	17.445	10.84	6.572

说明：***、** 和 * 分别表示在 1%、5% 和 10% 水平上显著，P 值为 bootstrap 后得到的。

表 5-7 静态面板门槛效应检验

模型	自抽样临界值					
	F 值	P 值	BS 次数	0.01	0.05	0.1
单一门槛	6.398*	0.094	300	24.191	12.332	9.312
双重门槛	5.375	0.127	300	13.11	8.069	6.286
三重门槛	2.192	0.283	300	11.285	7.342	5.01

说明：***、** 和 * 分别表示在 1%、5% 和 10% 水平上显著，P 值为 bootstrap 后得到的。

由表 5-6 和表 5-7 可以看出，无论是静态面板门槛还是动态面板门槛，单一门槛的 P 值均小于 0.1，而双重门槛和三重门槛模型的 P 值远大于 0.1。因此，本书在 10% 的显著性水平下接受单一面板门槛模型，具体结果如表 5-8 所示。

表 5-8 门槛模型估计结果

变量	静态	动态
Income	0.021* (1.67)	0.013 (1.25)
Capital	-0.017* (-1.08)	-0.018 (-1.11)
Tax	-0.131 (1.13)	0.099 (1.03)
Cdr	-0.029 (-1.34)	-0.034* (-1.51)
Odr	-0.013* (-1.32)	-0.015 (-1.47)
Openness	0.036 (5.14)	0.023 (4.17)

续表

变量	静态	动态
Czzc（czzc<$\hat{\gamma}$）	0.135* (1.56)	0.101 (1.34)
Czzc（czzc>$\hat{\gamma}$）	0.025 (0.36)	−0.003 (−0.45)
财政支出门槛值	0.156	0.191
门槛值置信区间	[0.144, 0.207]	[0.184, 0.207]

说明：***、**和*分别表示在1%、5%和10%水平上显著。

由表5-8可知，静态面板门槛与动态面板门槛估计的门槛值分别为0.156与0.191。静态面板门槛值0.156将观测值分隔为2个区间，共有92个观测值位于低区间，148个观测值位于高区间。动态面板门槛值0.191将观测值分隔为2个区间，共有134个观测值位于低区间，106个观测值位于高区间。

根据单一面板门槛模型的回归结果显示，财政支出与居民消费函数是由财政支出分隔的分段函数。由静态面板门槛模型可见，当财政支出规模（财政支出占GDP的比例）小于15.6%的门槛值时，系数估计值为0.135，说明增加财政支出对居民消费的影响是显著且有意义的。当财政支出规模（财政支出占GDP的比例）大于等于15.6%时，财政支出规模与居民消费虽然正相关，但不显著，估计系数是0.025，财政支出规模对居民消费的影响趋近于0。动态面板门槛值的区分效果强于静态面板门槛，当财政支出规模（财政支出占GDP的比例）小于19.1%的门槛值时，系数估计值为0.101，此时增加财政支出规模会显著促进居民消费的增长。当财政支出规模（财政支出占GDP的比例）大于等于19.1%时，系数估计值为-0.003，虽然系数估计值并不显著，但说明财政支出规模与居民消费关系开始由正向拉动作用转为阻碍作用。

以上分析结果说明当财政支出规模为15.6%和19.1%时，应警惕财政支出对居民消费的影响由互补效应逆转为替代效应。当财政支出规模低于15.6%时，增加财政支出规模将对居民消费有挤入效应；当财政支出规模达到15.6%时，财政支出对居民消费的拉动作用非常微弱，几乎接近于0；当财政支出规模一旦达到19.1%，财政支出将会挤出居民消费。

此外，由于模型估计过程中使用了多个同期变量，模型的内生性存疑。为了避免内生性问题，借鉴 Chortaleas 和 Uctum（2004）的做法，本书将所有变量改为滞后一阶检验门槛值的稳健性。研究发现，在稳健性检验中，财政支出对居民消费的影响并没有受到回归方程滞后一期的影响，不管修正前后，都呈现显著的门槛效应特征。但财政支出门槛值并不稳定，财政支出门槛值会随着模型和样本选择的不同而不同。综合以上分析，本书认为在当前经济运行环境下，财政支出门槛值为 19.1%，当财政支出水平低于这一门槛值时，财政支出对居民消费存在互补效应；而财政支出超过门槛值时，财政支出与居民消费由互补效应逆转为挤出效应。政府应注意控制财政支出的规模，不盲目追求短期经济的增长。

第四节　财政支出结构影响居民消费的门槛效应：基于动态面板门槛模型的分析

财政支出不仅包括基础设施投入、教育和科学技术等生产类支出，还包括社会保障、医疗卫生等非生产性支出，不同类型的财政支出对居民消费的作用机制并不相同。大多数学者认为财政生产性支出与居民消费存在替代效应，非生产性支出与居民消费存在互补效应 [张治觉和吴定玉（2007）、Freedman 等（2009）以及 Ganelli（2010）等]。那么，生产性支出和非生产性支出比例的门槛值为多少？为了回答这一问题，本书进一步利用动态面板门槛模型分析财政支出影响居民消费的财政生产性支出与非生产性支出比例的门槛值。

一　计量模型的设定

为了分析促进居民消费的财政支出结构门槛值，借鉴 Hansen（1999）、Caner 和 Hansen（2004）的做法，本书设定的面板门槛模型为：

$$y_{it} = \mu_i + \alpha_1 Czzc_{it} I(G_{it} \leq \hat{\gamma}) + \alpha_2 Czzc_{it} I(G_{it} > \hat{\gamma}) + \beta_j X_{it} + \varepsilon_{it}$$

$$(5.23)$$

其中：i 表示省份、t 表示相应的年份，μ_i 表示个体效应，α_i 是门槛变量的系数，β_j 是控制变量的系数，$I(.)$ 代表指示函数。财政生产性支出与非生

产性支出的比例 G_{it} 为门槛变量, γ 是门槛值。 X_{it} 表示一组控制变量,包括上文所提出的人均可支配收入 $income_{it}$,投资率 $Capital_{it}$,少年抚养比 Cdr_{it} ,老人抚养比 Odr_{it} ,宏观税负水平 Tax_{it} ,贸易开放度 $Openness_{it}$ 以及城市化率 $Urban_{it}$ 。

二　实证结果与分析

与上文一致,本书除了分析财政支出影响居民消费的财政生产性支出与非生产性比例的门槛值外,还分析了经济性支出与非经济性支出比例的门槛值。首先通过拔靴法 bootstrap（300 次）检验模型中是否存在门槛效应（threshold effect）,并确定门槛模型是单一门槛、双重门槛还是三重门槛。检验结果如表 5-9 和表 5-10 所示。

表 5-9　　　　　　　　　　政府生产性支出面板门槛效应检验

模型	自抽样临界值					
	F 值	P 值	BS 次数	0.01	0.05	0.1
单一门槛	18.381 ***	0.001	300	12.959	9.462	5.375
双重门槛	1.721	0.500	300	17.107	10.216	6.178
三重门槛	0.712	0.467	300	7.841	4.767	3.880

说明: ***、** 和 * 分别表示在 1%、5% 和 10% 水平上显著, P 值为 bootstrap 后得到的。

表 5-10　　　　　　　　　　政府经济性支出面板门槛效应检验

模型	自抽样临界值					
	F 值	P 值	BS 次数	0.01	0.05	0.1
单一门槛	8.931 **	0.04	300	17.568	7.613	5.694
双重门槛	5.477	0.15	300	16.59	9.815	7.003
三重门槛	1.895	0.29	300	12.706	6.26	4.498

说明: ***、** 和 * 分别表示在 1%、5% 和 10% 水平上显著, P 值为 bootstrap 后得到的。

由表 5-9 和表 5-10 可以看出,生产类与非生产类比例的单一门槛的 P 值远远小于 0.01,在 1% 的显著性水平下接受单一门槛模型;经济类与非经济类比例的单一门槛的 P 值小于 0.05,说明在 5% 的显著性水平下接受单一面板门槛模型。因此,本书分别以生产类与非生产类比例和经济类与非经济类比例为门槛值进行单一面板门槛分析,具体结果如表 5-11 所示。

表 5-11　　　　　　　　　　　门槛模型估计结果

变量	政府经济性支出	政府生产性支出
Income	0.027 *** (2.98)	0.023 *** (2.57)
Capital	−0.004 (−0.95)	−0.018 (−1.68)
Tax	−0.189 (−2.06)	−0.126 ** (−2.32)
Cdr	0.267 ** (2.94)	0.28 * (3.16)
Odr	0.025 (0.56)	0.017 (0.46)
Openness	0.028 (1.99)	0.033 * (4.17)
Czzc （G<G*）	0.088 * (2.16)	0.092 * (2.12)
Czzc （G>G*）	0.0021 (0.36)	0.0003 (0.45)
财政支出结构门槛值	0.564	1.237
门槛值置信区间	[0.144, 0.207]	[1.112, 1.339]

说明：*** 、** 和 * 分别表示在1%、5%和10%水平上显著。

由表 5-11 可知，政府经济性支出与非经济性支出的门槛值为 0.564，政府生产性支出与非生产性支出的门槛值为 1.237。政府经济性支出与非经济性支出的 0.564 将观测值分隔为 2 个区间，共有 107 个观测值位于低区间，133 个观测值位于高区间。政府生产性支出与非生产性支出的门槛值 1.237 将观测值分隔为 2 个区间，共有 136 个观测值位于低区间，104 个观测值位于高区间。

根据面板门槛模型的回归结果显示，政府经济性支出与非经济性支出的比例小于 56.4% 的门槛值时，系数估计值为 0.088，说明增加财政支出对居民消费有挤入效应。经济性支出与非经济性支出的比例大于等于 56.4% 门槛值时，估计系数是 0.0021，财政支出对居民消费的影响虽然为正效应但并不显著，说明此时财政支出对居民消费的挤入效应非常微弱甚至趋近于 0。当政府生产性支出与非生产性支出的比例小于 1.237 的门槛值时，系数估计值为 0.092，此时增加财政支出有利于促进居民消费。当政府生产性支出与非生产性支出的比例大于等于 1.237 时，增加财政支出对居民消费的促进作用由显著的正向挤入效应变为不显著的微弱效应。

本章小结

本章首先从理论角度分析了财政支出对居民消费的非线性影响，然后从实证角度检验财政支出与居民消费之间的倒 U 形关系。考虑到各省间的居民消费行为存在一定程度的空间相关性，忽略空间效应将使得经典的计量模型估计参数有偏或无效，因此，本书使用空间面板模型分析财政支出对居民消费的影响。估计结果如下：第一，分别利用空间邻接权重矩阵和空间经济权重矩阵计算 Moran's I 指数，结果显示居民消费具有显著的正向空间相关性。第二，通过拉格朗日乘子（LM_ lag 和 LM_ error）检验和稳健性的拉格朗日乘子（Robust LM_ lag 和 Robust LM_ error）检验发现选择空间滞后模型（SPLM）更为合理，利用 Wald 和 LR 检验进一步研究认为空间滞后模型（SPLM）比空间杜宾模型（SPDM）更为合理，因此，本书选择空间滞后模型（SPLM）进行主要的实证分析阐释。第三，不论是静态空间面板还是动态空间面板模型均显示，财政支出二次项的系数显著为负，说明财政支出与居民消费之间存在明显的倒 U 形关系。

其次，利用空间面板模型检验发现财政支出与居民消费之间存在倒 U 形关系，说明存在财政支出对居民消费由挤入效应转为挤出效应的拐点。即存在一个促进居民消费的财政支出门槛值。根据杜森贝利（J.S.Duesen-berry）的相对收入理论，消费者会受到自己惯有的消费习惯影响，居民消费具有动态连续性。为了避免主观判断划分区间所造成的估计偏差和错误，同时考虑到居民消费的动态性，本书利用动态面板门槛模型的方法求解财政支出对居民消费影响的门槛值，结果显示，促进居民消费的财政支出门槛值为 0.191。当财政支出水平低于这一门槛值时，财政支出对居民消费具有挤入效应；而财政支出水平超过门槛值时，财政支出与居民消费的关系由挤入效应逆转为挤出效应。

最后，财政支出不仅包括基础设施投入、教育和科学技术等生产类支出，还包括社会保障、医疗卫生等非生产性支出，不同类型的财政支出对居民消费的作用机制并不相同。因此，本书利用面板门槛模型进一步分析促进居民消费的财政生产性支出与非生产性支出比例的门槛值。当政府生产性支出与非生产性支出的比例小于 1.237 的门槛值时，系数估计值为0.092，此时增加财政支出有利于促进居民消费。当政府生产性支出与非生产性支出的比例大于等于 1.237 时，增加财政支出对居民消费的促进作用由显著的正向挤入效应变为不显著的微弱效应。考虑到现有财税体制下，地方政府在财政体制和政治晋升的双重激励下具有强烈的投资动机，为了政绩不断扩大财政支出中经济性支出的比例，因此，本书利用动态面板门槛模型研究了财政经济性支出与非经济性支出比例的门槛值。结果显示，政府经济性支出与非经济性支出的比例小于 56.4% 的门槛值时，系数估计值为 0.088，说明增加政府经济性支出对居民消费有挤入效应。经济性支出与非经济性支出的比例大于等于 56.4% 门槛值时，估计系数是0.0021，财政支出对居民消费的影响虽然为正效应但并不显著，说明此时增加财政支出对居民消费的挤入效应非常微弱甚至趋近于 0。

第六章 财政支出对私人投资的门槛效应

由上文的分析可知财政支出对经济增长和居民消费的影响都存在门槛效应，私人投资作为财政支出影响经济增长的另一个重要渠道，财政支出对私人投资的挤入效应与挤出效应之间也存在拐点吗？换言之，财政支出对私人投资的影响也存在门槛效应吗？为了回答这一问题，本部分进一步从理论和实证角度分析财政支出对私人投资的影响，并利用静态面板门槛模型求解财政支出影响私人投资的门槛值。

第一节 财政支出对私人投资的影响：基于理论模型的分析

在对财政支出与私人投资之间的关系进行实证检验之前，需要从理论角度分析财政支出影响私人投资的理论逻辑。因此，本书通过构建理论模型分析财政支出对私人投资的影响。

一 模型构建

1. 私人部门

假定经济体中存在的多个家庭都是同质的，且每个家庭做出的最优决策也是一样的，并假定人口规模恒定且标准化为 1。$C(t)$ 表示家庭在 t 时期的消费，则在收入预算约束式下，代表性家庭的消费效用最大化可以表示为：

$$\max \int_0^\infty e^{-\rho t} C(t) \, dt \qquad (6.1)$$

其收入约束为：

$$\Delta K + \Delta B = rB + (1 - \tau) Y - C \qquad (6.2)$$

其中，ρ 为代表性家庭的时间偏好系数，r 表示利率水平，并假设效用函数为对数形式，Y 表示经济总产出，K 表示私人资本，B 表示公共债务，ΔK 和 ΔB 表示二者不考虑资本的折旧变动，τ 表示税率且 $\tau \in (0, 1)$。本书采用柯布-道格拉斯生产函数进行分析，即：

$$Y = AH^{\alpha}K^{\beta} \tag{6.3}$$

其中，A 代表技术水平，H 代表公共资本存量。参数 α 表示总产出对公共资本的弹性系数，β 表示总产出对私人资本的弹性系数，且 $\alpha + \beta = 1$。在平衡状态下，利率水平等于私人资本的边际产出，即：

$$r = (1 - \tau)(1 - \alpha)AK^{-\alpha}H^{\alpha} \tag{6.4}$$

2. 政府

假设政府主要通过发行债务来弥补财政赤字，且存在借新还旧的行为，则政府的预算约束可表示为：

$$\Delta B = rB - \tau Y + G \tag{6.5}$$

其中，τY 表示税收，G 表示财政支出，在不考虑资本折旧的情况下，则有：

$$\Delta H = G \tag{6.6}$$

假定政府遵循跨期预算限制，即 $\lim_{t \to \infty} e^{-rt}B(t) = 0$，则意味着公共赤字小于或等于财政支出，即：

$$\Delta B = \psi G \tag{6.7}$$

其中，

$$\psi \in [0, 1] \tag{6.8}$$

二　模型分析与结论

对代表性家庭的消费效用进行最优化求解，并结合式（6.4），得到人均消费增长率，即：

$$g_C = \frac{\Delta C}{C} = -\rho + (1 - \tau)(1 - \alpha)A\left(\frac{H}{K}\right)^{\alpha} \tag{6.9}$$

进一步，结合家庭收入约束方程（6.2）以及政府预算约束方程（6.5），可以得到私人资本的增长率，即：

$$g_K = \frac{\Delta K}{K} = A\left(\frac{H}{K}\right)^{\alpha} - \frac{C}{K} - \left(\frac{G}{H}\right)\left(\frac{H}{K}\right) \tag{6.10}$$

而公共债务和公共资本的增长率，可以通过式（6.5）—式（6.8）

得到，即：

$$g_B = \frac{\Delta B}{B} = \psi \left(\frac{H}{K}\right) \left(\frac{K}{B}\right) \left(\frac{\Delta H}{H}\right) \tag{6.11}$$

$$g_H = \frac{\Delta H}{H} = (1 - \psi)^{-1} \left[\tau A \left(\frac{H}{K}\right)^{\alpha-1} - (1 - \tau)(1 - \alpha) A \left(\frac{H}{K}\right)^{\alpha-1} \frac{B}{K} \right] \tag{6.12}$$

假定技术水平 A 的增长率为 0，此时

$$g_Y = \frac{\Delta Y}{Y} = (1 - \alpha) g_K + \alpha g_H \tag{6.13}$$

进一步假定，$\psi = 1$，即公共债务全部用于财政支出，在平衡增长路径上，如下关系成立：

$$g_B = g_H \tag{6.14}$$

从式（6.11）和式（6.14）可以看出，$H = B$，$\Delta B = \Delta H$，且从式（6.5）—式（6.8）可以进一步得到：

$$\tau Y = rH \tag{6.15}$$

利用上述条件，可以得到：

$$\frac{H}{K} = \frac{\tau}{(1 - \tau)} \frac{1}{(1 - \alpha)} \tag{6.16}$$

式（6.16）意味着在平衡增长路径上，公共资本与私人资本的比例是税率 τ 和公共资本产出弹性 α 的函数。

将式（6.16）代入式（6.9），可以得到人均消费的增长率表达式，即：

$$g_C = -\rho + A (1 - \tau)^{1-\alpha} \tau^\alpha (1 - \alpha)^{1-\alpha} \tag{6.17}$$

通过方程（6.17）可以看出，人均消费的均衡增长率与公共资本与私人资本的比率，即 $\frac{H}{K}$ 呈现出非线性关系，通过求导可以得到，当 $\tau = \alpha$ 时，g_C 取得极大值，此时 $H = K \frac{\tau}{(1 - \tau)^2}$，且由式（6.6）可知，财政支出对居民消费存在非线性影响。

将式（6.17）代入消费 $C = T e^{g_C}$ 函数，其中 T 是常数。进而可将函数式 C 代入式（6.10），本文发现 g_K 是 g_C 的函数式，此时，私人投资 $\Delta K =$

g_KK 也是 g_C 的函数式。因此，财政支出对私人投资具有非线性影响。

第二节　财政支出对私人投资的影响：
基于静态面板模型的分析

一　计量模型的设定

理论模型显示：理论上财政支出对私人投资具有非线性效应，为了进一步分析财政支出对私人投资的非线性影响，与上文一致，本部分引入财政支出的二次项分析财政支出与私人投资之间的倒 U 形关系，模型构建如下：

$$y_{it} = \mu_i + \alpha_1 Czzc_{it} + \alpha_2 Czzc_{it}^2 + \beta_j X_{it} + \varepsilon_{it} \qquad (6.18)$$

其中，i 表示不同省份、t 表示相应的年份，μ_i 表示不随时间变化的个体效应，ε_{it} 表示随机干扰项。y_{it} 表示 i 县（市、区）在 t 时期的人均实际私人投资，鉴于官方并没有公布私人投资的具体数据，本书借鉴王立勇和毕然（2014），按资金来源将全社会固定资产投资减去政府预算内投资和外商直接投资后的差值作为私人投资的代理变量。$Czzc_{it}$ 表示 i 省份在 t 时期的财政支出占 GDP 的比值，$Czzc_{it}^2$ 表示财政支出占 GDP 的二阶项，用于分析财政支出对私人投资的非线性影响。

X_{it} 表示一组控制变量，Gdp_{it} 表示经济增长对投资的影响，本书用人均 GDP 表示。$Consumer_{it}$ 表示人均居民消费；Tax_{it} 表示宏观税负水平，参考通常做法，本书用各省财政收入占各省 GDP 的比重来衡量。$Openness_{it}$ 表示市场开放程度，用进出口贸易总额占当年 GDP 的比重来衡量。

二　数据来源和数据处理

鉴于本书主要分析 2007 年金融危机后政府扩张性财政政策对经济增长的影响，因此选择 2007—2014 年的省级面板数据进行计量分析，同时为了剔除通货膨胀对变量的影响，用 GDP 平减指数（2007 年为基期＝100）将人均 GDP 折算为各省实际人均 GDP，其余指标均利用消费者物价指数（CPI）以 2007 年为基期进行调整。所有数据均来自历年

《中国统计年鉴》（2008—2015）和 Wind 数据库，数据的统计特性如表6-1所示。

表6-1　　　　　　　　　　　　样本数据的统计分析

变量名	含义	平均值	标准差	最小值	最大值
y	私人投资率	0.667	0.181	0.3	0.86
Czzc	财政支出	0.246	0.187	0.087	0.63
Gdp	人均 Gdp 对数	10.357	0.538	8.792	11.564
Openness	进出口额	0.323	0.391	0.028	0.799
Tax	宏观税负	0.077	0.029	0.034	0.195
Consumer	居民消费率	0.341	0.055	0.229	0.541

说明：数据来源于中国统计年鉴和 Wind 数据库。

三　实证结果与分析

本书采用静态面板模型分析财政支出对私人投资的非线性影响，首先，在利用模型进行估计之前，需要利用 Hausman 检验判断究竟应该选择用固定效应模型还是随机效应模型。Hausman 检验结果为81.004，在0.1%的显著性水平上通过了检验，说明拒绝个体效应与解释变量无关的原假设，因此本书采用固定效应模型进行实证分析。在面板模型的估计中，需要考虑和控制个体效应和时期效应这两类不能观测到的效应，因此，本书不仅分析个体固定效应还分析时期固定效应。同时为了比较，本书还分析了混合模型和随机效应模型，具体结果如表6-2所示。

表6-2　　　　　　　　　　　　面板模型估计结果

变量	(1) 混合模型	(2) 空间固定效应	(3) 随机效应	(4) 双向固定效应	(5) 时期固定效应
Czzc	1.683 *** (4.81)	2.389 *** (2.84)	1.781 ** (3.57)	2.372 ** (2.19)	1.194 *** (2.21)
Czzc2	-2.003 *** (-3.59)	-1.442 ** (-1.74)	-1.221 ** (-2.40)	-1.549 ** (-1.89)	-1.499 * (-1.92)
Gdp	0.199 *** (8.85)	0.204 *** (5.21)	0.202 *** (5.16)	0.576 *** (3.24)	0.005 (0.15)
Consumer	0.134 (0.7)	0.150 (0.38)	-0.297 (-0.61)	0.274 (0.65)	-0.106 *** (-3.58)

续表

变量	（1）	（2）	（3）	（4）	（5）
	混合模型	空间固定效应	随机效应	双向固定效应	时期固定效应
Openness	0.344***	0.070	0.216**	0.049***	0.051
	（11.8）	（0.99）	（5.54）	（0.75）	（0.87）
Tax	−1.583***	−1.853**	−1.563**	−1.65**	0.674
	（−5.93）	（−4.47）	（−3.10）	（−2.97）	（0.83）
AdjR2	0.529	0.657	0.791	0.876	0.761

说明：***、** 和 * 分别表示在1%、5%和10%水平上显著。

　　为了克服异方差、序列相关以及截面相关对统计推断的影响，本书采用 Driscoll 和 Kraay（1998）提出的"异方差—序列相关—截面相关"稳健性协方差矩阵来估计系数的标准误。由表6-2的分析结果可知，所有模型的财政支出一阶项均显著为正，系数估计值均在1.1以上，说明财政支出对私人投资具有很强的拉动作用，财政支出的正外部性对私人投资产生积极的促进作用，交通运输、供电设施和服务于科教文卫等部门所需的固定资产等基础设施建设和对教育等人力资本的投资能够有效改善私人投资的环境和提高私人投资的边际生产力，同时，财政支出的乘数效应也带动了国内需求的增加，使得财政支出对私人投资有着明显的正向促进作用。然而，所有模型的财政支出二阶项均显著为负，再次验证了财政支出与私人投资之间存在倒 U 形关系，说明随着财政支出的增长，财政支出的效率正在逐步降低，真实利率却随着财政支出的增长而上升，这将导致财政支出对私人投资产生挤出效应。

　　由表6-2可见，经济增长的系数都显著为正，说明经济增长能显著促进私人投资的增长。居民消费对私人投资影响的结论并不一致，但均不显著。说明居民消费对私人投资并不存在显著的影响，我国应持续促进国内有效需求的增长，推动经济转型升级以拉动投资和经济的增长。对外开放度对私人投资的影响均为正，但只在模型（1）、模型（3）和模型（4）中显著，说明近年来随着世界经济的持续低迷，许多企业订单减少、产品价格下降，对外开放拉动私人投资的作用正在下降，我国应注重推进产业的转型升级和换代，努力开拓新的市场。税收对私人投资则具有显著的负向作用，说明为弥补财政支出而征收的高额税收已经对私人投资产生了挤出效应，进一步证明我国采取减税政策从供给端促进经济增长是符合现实经济的。

此外，由于模型估计过程中使用了多个同期变量，模型的内生性存疑。为了避免内生性问题，与上文一致，本书依次代入所有解释变量的滞后项对结果进行分析。研究发现，控制变量 GDP、居民消费和对外开放度的估计系数与原模型估计系数近似，显著性大致相当。在稳健性检验中，财政支出的一阶项仍显著为正、二阶项显著为负，说明财政支出与私人投资存在倒 U 形关系的结论非常稳健。

第三节　财政支出影响私人投资的门槛效应：基于静态面板门槛模型的分析

上一节的实证研究结果表明，财政支出与私人投资之间存在显著倒 U 形关系。那么财政支出影响私人投资的拐点，即财政支出影响私人投资的门槛值是多少？为了克服主观划分区间的偏误，本书借鉴 Hansen（1999）的静态面板门槛模型求解财政支出门槛值。

一　计量模型的设定

为了分析财政支出对私人投资的门槛效应，借鉴 Hansen（1999）的做法，本书设定如下的面板门槛模型：

$$y_{it} = \mu_i + \alpha_1 Czzc_{it} I(Czzc_{it} \leq \hat{\gamma}) + \alpha_2 Czzc_{it} I(Czzc_{it} > \hat{\gamma}) + \beta_j X_{it} + \varepsilon_{it}$$

$$(6.19)$$

其中：i 表示省份、t 表示相应的年份，μ_i 表示个体效应，α_i 是门槛变量的系数，β_j 是控制变量的系数，$I(.)$ 代表指示函数。财政支出占 GDP 的比例 $Czzc_{it}$ 为门槛变量，γ 是门槛值。X_{it} 表示一组控制变量，包括上文所提出的人均实际 GDP 的对数，居民消费率 $Consumer_{it}$，对外开放度 $Openness_{it}$。

二　模型的估计方法

为了避免主观判断财政支出影响私人投资门槛值所导致的偏误，本书采用 Hansen（1999）提出的两阶段 OLS 方法对静态面板门槛模型进行分析，分析方法如下：首先，对于给定的门槛值 γ，利用 OLS 方法估计模型的残差平方和，最小残差和所对应的即为门槛值。其次，将上述方法求出的门槛值代入模型求解模型的估计系数并进行结果的分析。

根据 Hu 和 Schiantarelli（1998），在估计面板门槛模型之前，需要对模型进行门槛效应检验，且模型中存在未知参数，使用传统检验统计量进行检验将会导致"戴维斯问题"（Davies Problem），即传统检验统计量的分布是非标准分布（Davies，1977、1987）。首先，为了解决这一问题，Hansen（1996）提出采用拔靴法（Bootstrap）模拟其检验统计量的渐进分布检验模型门槛效应的显著性。其次，还需要检验门槛估计值是否等于真实值，正如 Chan（1993）、Hansen（1999）所言，检验原假设统计量的分布也是非标准的。为此，Hansen（1999）提出利用似然比检验统计量构建一个有效渐进的置信区间来检验门槛值，如果似然比统计量足够大，则拒绝原假设即门槛估计值与真实的门槛值并不相等。

三　实证结果与分析

根据以上分析，在估计门槛模型之前，需要检验门槛效应（threshold effect）的存在性，并确定门槛模型的类型是单一门槛、双重门槛还是三重门槛，检验结果如表 6-3 所示。

表 6-3　　　　　　　　　　　门槛效应检验

模型	自抽样临界值					
	F 值	P 值	BS 次数	0.01	0.05	0.1
单一门槛	11.492***	0.003	300	9.169	5.151	3.636
双重门槛	3.53	0.323	300	14.77	10.468	7.53
三重门槛	4.876	0.241	300	21.68	13.471	9.264

说明：***、** 和 * 分别表示在 1%、5% 和 10% 水平上显著，P 值为 bootstrap 后得到的。

由表 6-3 可见，单一面板门槛的 P 值为 0.003，小于 1% 的显著性水平。而双重门槛与三重门槛的 P 值分别为 0.324 和 0.241，远大于 10% 的显著性水平。因此，本书在 1% 的显著性水平下拒绝原假设，接受单一面板门槛模型。门槛值的置信区间如表 6-4 和图 6-1 所示。

表 6-4　　　　　　　　　　门槛值和置信区间

门槛	估计值	95%置信区间
单一门槛值	0.314	[0.206, 0.318]

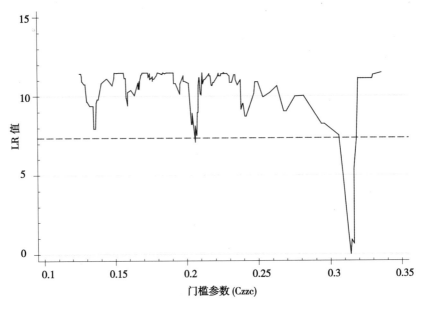

图 6-1　门槛估计值与置信区间

　　由表 6-4 可知，财政支出对私人投资影响的门槛值为 31.4%，这一门槛值将观测值分隔为 2 个区间，共有 202 个观测值位于低区间，38 个观测值位于高区间，对门槛模型解释变量的系数进行估计，结果在表 6-5 作为基础模型的模型（1）列示。可以看出，当财政支出占 GDP 的比值（财政支出规模）小于 31.4% 的门槛值时，系数估计值为 1.867，并且回归系数显著，说明此时增加财政支出的规模有利于私人投资；而当财政支出占 GDP 的比值（财政支出规模）大于等于 31.4% 时，系数估计值为 −0.067，但不显著，说明财政支出对私人投资有微弱的挤出效应。

表 6-5　　　　　　门槛模型估计结果及稳健性检验

解释变量	模型（1）	模型（2）	模型（3）	模型（4）
Gdp	0.171 *** (5.66)	0.194 *** (3.62)	0.174 *** (3.98)	0.207 *** −1.07

续表

解释变量	模型（1）	模型（2）	模型（3）	模型（4）
Consumer	−0.357 （−0.79）	−0.345 （−0.82）	−0.349 （−0.92）	−0.172 （−0.38）
Openness	0.057* （1.89）	0.036* （1.56）	0.021* （1.68）	0.028* （1.73）
Urban		0.023 （0.58）		
Tax			−0.154* （−2.3）	
Changye			−0.758* （−1.98）	
Czzc（czzc<c*）	1.867*** （3.41）	1.969*** （3.62）	1.887*** （2.94）	1.819*** （3.33）
Czzc（czzc>c*）	−0.067 （−0.17）	−0.084 （−0.57）	0.013 （0.97）	−0.052 （−0.39）
财政支出门槛值	0.314	0.314	0.315	0.317
门槛值置信区间	［0.20, 0.318］	［0.309, 0.316］	［0.203, 0.316］	［0.2, 0.318］
门槛效应检验	11.492***	11.718***	9.959*	11.043***
Bootstrap P 值	0.003	0.001	0.009	0.001

说明：***、**和*分别表示在1%、5%和10%水平上显著。

表6-5中的模型（2）—模型（4）是对基础模型［模型（1）］的稳健性检验。为了考察不同解释变量对门槛值稳健性的影响，本书引入一系列对私人投资有影响的控制变量进行分析。模型（2）进一步控制城市化这个对私人投资具有潜在影响的变量，模型（3）则引入税收水平分析税收对私人投资的扭曲性作用，模型（4）则引入产业结构变量分析产业结构对私人投资的影响，由稳健性检验可以看出，模型（2）—模型（4）的结果与基础模型（模型1）的结果基本一致。模型（2）—模型（4）均在10%的显著性水平下接受单一面板门槛模型，不同模型估计的门槛值相差较小，分别为0314、0.315和0.317，说明财政支出对私人投资的门槛值是稳健的。同时，当财政支出占GDP的比例小于对应的门槛值时，财政支出对经济增长具有显著的促进作用，而当财政支出占GDP的比例大于门槛值时，财政支出对私人投资的影响由挤入效应逆转为挤出效应。综合以上分析，本书认为财政支出对私人投资的门槛值为31.4%，虽然我国目前财政支出对私人投资的挤出效应并不明显，但应注意随时根据经

济状况调整财政支出的规模。

第四节 财政支出结构影响私人投资的门槛效应：基于静态面板门槛模型的分析

不同类型的财政支出对私人投资的影响并不相同，多数学者认为基础设施建设、科学技术研发以及教育等生产性支出具有正向的外溢效应，能够改善私人投资的环境和提高私人资本的生产率，进而对私人投资具有显著的挤入效应，而社会保障、政府消费等非生产性支出则会对私人投资具有挤出效应 [Asehauer 和 Greenwood（1985）；Rodrik（1991）；Futagami、Morita、Shibata（1993）；Escriba 和 Murgui（2009）；Leeper、Michael 和 Nora（2009）等]。随着研究的进一步深入，有学者认为随着财政支出规模的扩大，财政支出的生产效率将会降低，同时税收和真实利率却会上升。此时，政府生产性支出对私人投资的影响会由挤入效应逆转为挤出效应 [Narayan（2004）、Goldsmith（2008）、王立勇和毕然（2014）等]。

以上学者的研究表明，生产性财政支出的规模并不是越大越好，财政支出对私人投资的影响不仅取决于财政支出的总规模，更取决于财政支出的结构。因此，本书进一步分析促进私人投资的财政生产性支出与非生产性支出比例的门槛值。

一 计量模型的设定

与上文一致，为了分析生产性支出与非生产性支出比例的财政支出门槛值，本书借鉴 Hansen（1999）的做法，设定的面板门槛模型为：

$$y_{it} = \mu_i + \alpha_1 Czzc_{it} I(G_{it} \leqslant \hat{\gamma}) + \alpha_2 Czzc_{it} I(G_{it} > \hat{\gamma}) + \beta_j X_{it} + \varepsilon_{it}$$

$$(6.20)$$

其中：i 表示省份、t 表示相应的年份，μ_i 表示个体效应，α_i 是门槛变量的系数，β_j 是控制变量的系数，$I(.)$ 代表指示函数。财政支出占 GDP 的比例 $Czzc_{it}$ 为门槛变量，γ 是门槛值。X_{it} 表示一组控制变量，包括上文所提出的人均实际 GDP 的对数，居民消费率 $Consumer_{it}$，对外开放度 $Openness_{it}$。

二　实证结果与分析

与上文一致，本书除了分析财政支出影响私人投资的财政生产性支出与非生产性支出比例的门槛值外，还分析了经济性支出与非经济性支出比例的门槛值，计量方法采用 Hansen（1999）提出的两阶段 OLS 方法对静态面板门槛模型进行分析。同时，为了根据 Hu 和 Schiantarelli（1998），在估计面板门槛模型之前，需要对模型进行门槛效应检验，检验结果如表6-6 和表 6-7 所示。

表 6-6　　　　　　　　　政府生产性支出面板门槛效应检验

模型	自抽样临界值					
	F 值	P 值	BS 次数	0.01	0.05	0.1
单一门槛	18.381***	0.001	300	12.959	9.462	5.375
双重门槛	1.721	0.500	300	17.107	10.216	6.178
三重门槛	0.712	0.467	300	7.841	4.767	3.880

说明：***、** 和 * 分别表示在 1%、5% 和 10% 水平上显著，P 值为 bootstrap 后得到的。

表 6-7　　　　　　　　　政府经济性支出面板门槛效应检验

模型	自抽样临界值					
	F 值	P 值	BS 次数	0.01	0.05	0.1
单一门槛	8.931**	0.04	300	17.568	7.613	5.694
双重门槛	5.477	0.15	300	16.59	9.815	7.003
三重门槛	1.895	0.29	300	12.706	6.26	4.498

说明：***、** 和 * 分别表示在 1%、5% 和 10% 水平上显著，P 值为 bootstrap 后得到的。

由表 6-5 和表 6-6 可以看出，生产类与非生产类比例的单一门槛的 P 值为 0.001，在 1% 的显著性水平下接受单一门槛模型；经济类与非经济类比例的单一门槛的 P 值为 0.004，说明在 1% 的显著性水平下接受单一面板门槛模型。因此，本书分别以生产类与非生产类比例和经济类与非经济类比例为门槛值进行单一面板门槛分析，具体结果如表6-8所示。

表 6-8 门槛模型估计结果

变量	政府经济性支出	政府生产性支出
Gdp	0.108 * (5.64)	0.113 * (1.79)
Consumer	0.025 (-0.86)	-0.174 (-0.52)
Tax	-0.025 (-2.06)	-0.775 * (-1.99)
Openness	0.039 * (0.37)	0.046 * (0.31)
Urban	0.057 (1.29)	0.567 (1.28)
Changye	-1.04 *** (2.59)	-1.05 *** (-2.63)
Czzc（G<G*）	0.901 *** (2.08)	0.608 * (1.90)
Czzc（G>G*）	0.191 ** (2.00)	0.187 (0.81)
财政支出结构门槛值	0.541	1.236
门槛值置信区间	[0.492, 0.648]	[1.112, 1.339]

说明：*** 、** 和 * 分别表示在 1%、5% 和 10% 水平上显著。

由表 6-8 可知，政府经济性支出与非经济性支出比例的门槛值为 0.541，政府生产性支出与非生产性支出的门槛值为 1.236。政府经济性支出与非经济性支出比例的门槛值 0.541 将观测值分隔为 2 个区间，共有 122 个观测值位于低区间，118 个观测值位于高区间。政府生产性支出与非生产性支出比例的门槛值 1.236 将观测值分隔为 2 个区间，共有 135 个观测值位于低区间，105 个观测值位于高区间，具体如图 6-2 所示。

根据面板门槛模型的回归结果显示，政府经济性支出与非经济性支出的比例小于 54.1% 的门槛值时，系数估计值为 0.901，说明增加财政支出对私人投资有挤入效应。经济性支出与非经济性支出的比例大于等于 54.1% 门槛值时，财政支出对私人投资的影响仍然为正且显著，但系数估计值由 0.901 降为 0.191，说明此时财政支出对私人投资的挤入效应正在减弱，不能盲目再扩大财政经济性支出的比例。当政府生产性支出与非生产性支出的比例小于 1.237 的门槛值时，系数估计值为 0.608，此时增加财政支出有利于拉动私人投资。当政府生产性支出与非生产性支出的比例

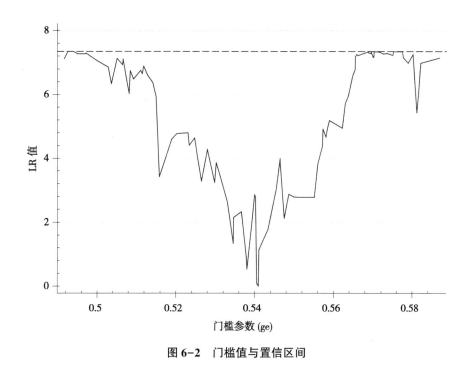

图 6-2　门槛值与置信区间

大于等于 1.237 时，系数估计值降为 0.187 且不显著，说明此时政府财政生产性支出对私人投资的挤入效应逐渐变得不显著。

本章小结

　　本章首先从理论角度检验了财政支出对私人投资的影响存在非线性效应，然后从实证角度检验财政支出与私人投资之间的倒 U 形关系。由于 Hausman 检验结果为 81.004，在 0.001% 的显著性水平上拒绝个体效应与解释变量无关的原假设，因此本书采用固定效应模型进行实证分析。同时考虑到要控制个体和时期这两类不能观测到的效应，本书不仅分析了个体、时期固定效应模型，还分析了双向固定效应模型。考虑到结果的稳健性，本书还分析了混合模型和随机效应模型。经检验，上述所有模型的财政支出一阶项系数估计值均显著为正，且系数估计值均在 1.1 以上，说明财政支出对私人投资具有较强的挤入效应。财政支出的乘数效应拉动了国内需求的增加。同时，交通运输、供电设施和对教育等人力资本的投资不仅改善了私人投资的环境还提高了私人资本的边际生产力，使得财政支出对私人投资具有积极的正向拉动作用。然而，所有模型中财政支出的二阶项均显著为负，系数估计值均在 -1.2 以上，不仅再次验证了财政支出与私人投资之间的倒 U 形关系的存在，而且说明一旦超过财政支出与经济增长的拐点，财政支出对私人投资将产生显著的挤出效应。

其次，本书利用 Hansen（1999）静态面板门槛模型分析财政支出对私人投资由挤入效应转为挤出效应的拐点即财政支出的门槛值。研究结果表明，财政支出对私人投资影响的门槛值为 31.4%，这一门槛值将观测值分隔为 2 个区间，共有 202 个观测值位于低区间，38 个观测值位于高区间。当财政支出占 GDP 的比值（财政支出规模）小于 31.4% 的门槛值时，系数估计值为 1.867，并且回归系数显著，说明此时增加财政支出的规模有利于私人投资；而当财政支出占 GDP 的比值（财政支出规模）大于等于 31.4% 时，系数估计值为 -0.067，但不显著，说明财政支出对私人投资有微弱的挤出效应。同时，为了检验结果的稳健性本文引入一系列对私人投资有影响的控制变量进行分析。结果显示，不同模型估计的门槛值相差较小，分别为 0314、0.315 和 0.317，说明财政支出对私人投资的门槛值是稳健的。综合以上分析，本书认为财政支出对私人投资的门槛值为 31.4%，虽然目前财政支出对私人投资的挤出效应并不明显，但应注意随时根据经济状况调整财政支出的规模。

最后，考虑到不同类型财政支出对私人投资效应的不同，本书利用静态面板门槛模型分析了政府生产性支出与非生产性支出比例的门槛值。结果显示，政府生产性支出与非生产性支出的门槛值为 1.236，此门槛值将观测值分隔为 2 个区间，共有 135 个观测值位于低区间，105 个观测值位于高区间。当政府生产性支出与非生产性支出的比例小于 1.237 的门槛值时，系数估计值为 0.608，此时增加财政支出将挤入私人投资。当政府生产性支出与非生产性支出的比例大于等于 1.237 时，系数估计值降为 0.187 且不显著，说明此时政府财政生产性支出对私人投资的挤入效应逐渐变得不显著。考虑到我国独特分权体制下地方政府偏好经济类支出，本书还分析了政府经济性支出与非经济性支出比例的门槛值，结果显示，政府经济性支出与非经济性支出比例的门槛值为 0.541，将观测值分隔为 2 个区间，共有 122 个观测值位于低区间，118 个观测值位于高区间。当政府经济性支出与非经济性支出的比例小于 54.1% 的门槛值时，系数估计值为 0.901，说明增加财政支出对私人投资有挤入效应。经济性支出与非经济性支出的比例大于等于 54.1% 门槛值时，财政支出对私人投资的影响仍然为正且显著，但系数估计值由 0.901 降为 0.191，说明此时财政支出对私人投资的挤入效应正在减弱，不能盲目再扩大财政经济性支出的比例。

第七章　研究结论与展望

本书通过分析财政支出对经济增长、居民消费和私人投资的影响及作用机制，提出财政支出存在非线性效应的理论假说，并利用马尔科夫区制模型从时间路径上对假说进行检验；从理论和实证角度分析财政支出对经济增长、居民消费和私人投资的非线性影响，并利用静态和动态面板门槛模型求解财政支出的门槛值；在此基础上进一步分析财政生产性支出与非生产性支出的比例对经济增长、居民消费和私人投资的门槛效应，为政府实施积极财政政策进行区间调控提供可借鉴的思路和方法。本章在总结全书结论的基础上，提出对该问题进一步研究的展望和思考。

第一节　研究结论

一　我国政府财政支出扩张偏向行为的典型事实

改革开放以来，我国财政支出规模的增长符合瓦格纳法则，GDP 与财政支出均呈现出上升的增长趋势，但财政支出的增长趋势小于 GDP 的增长。借鉴 Alesina 和 Tabellini（2008）、方红生和张军（2009）的方法分析我国政府在经济衰退期和经济繁荣期的财政行为，研究结论为：在经济繁荣期，全国财政支出只有 50% 的概率在执行逆周期的财政行为，还有一半的概率是执行顺周期财政行为。我国地方政府的财政行为则表现出明显的顺周期特征，有 75.2% 的概率在执行扩张性政策，只有 24.8% 的概率在执行紧缩性政策。在经济衰退期，全国财政支出的行为相比经济繁荣期表现出较高的逆周期行为，有 52.9% 的概率在执行扩张性财政政策。相比之下，只有 47.1% 的概率执行紧缩性的财政政策，表现出顺周期的特征。和全国的财政行为相比，我国地方政府在经济衰退期表现出明显的逆周期特征，有 83.5% 的概率在执行扩张性财政政策，仅有 16.5% 的概率执行紧缩性政策。由此可见，基于全国数据的分析表明我国财政支出总体上基本呈现"逆风向而动"的逆周期财政政策，基于全国 31 个省份的数据分析却表明我国地方政府财政支出具有明显的不对称性，具体表现为在经济衰退期，地方政府通过加大政府采购、基础设施建设等扩张性的财政政策刺激国内需求，表现出了明显的逆周期特征，而在经济繁荣期却表现为明显的顺周期特征，这意味着无论是在经济衰退期还是经济繁荣期，我国地方政府均具有强烈的倾向通过扩张财政支出规模刺激经济。

二 财政支出对经济增长的非线性效应

本书在分析财政支出对经济增长、居民消费和私人投资的影响及作用机制的基础上，提出财政支出存在非线性效应的理论假说，并利用马尔科夫区制模型从时间路径上对假说进行检验和分析，具体而言：

首先，由理论分析可知，财政支出对经济增长的正向影响渠道为：第一，财政支出能通过影响有效资本供给和资本生产率来实现对经济增长的影响。第二，财政支出能促进劳动生产率的提高和增加有效劳动的供给。然而，随着财政支出规模的扩大，财政支出将会对经济增长产生负向影响，其影响渠道为：效率低下的财政支出通常会导致资源配置不合理，进而对经济增长产生阻碍作用。第三，财政支出的融资方式主要来源于税收、发行债务和货币创造等方式。高税收和高债务会挤出居民消费和私人投资，货币发行则会导致高通胀，最终阻碍经济的增长。由此，本文提出财政支出对经济增长存在非线性效应的理论假说，并采用马尔科夫向量自回归（MS-VAR）模型从时间路径上进行检验和分析，结果显示，我国 1978—2014 年财政支出与经济增长之间的非线性影响将财政支出分为两个区制，在 1979—1982 年、1988—1992 年、1996—2004 年和 2009—2015 年的区制一中，财政支出对经济增长的系数估计值为 0.067，说明财政支出对经济增长有明显的促进作用。在 1983—1987 年、1993—1995 年和 2005—2008 年的区制二中，财政支出的系数估计值为 0.013，说明此时财政支出对经济增长的促进作用逐步减弱。由此可知，区制一的明显特征为经济处于低迷期，短期内财政支出的扩张对经济增长具有明显的促进作用。区制二的明显特征为经济处于过热期，财政支出对经济增长的促进作用由强变弱，几乎趋近于 0。我国财政支出对经济增长存在非线性效应，政府不应盲目通过扩大财政支出刺激经济增长。

其次，财政支出通过负财富效应与替代效应影响居民的可支配收入和真实工资，进而对居民消费产生影响。由于影响途径的不同，结论也不一致。新古典经济学认为财政支出的增加会导致税收的上升，而税收的增加会导致居民可支配收入的下降，进而对居民消费产生挤出效应；而新凯恩斯理论则认为劳动需求会随着财政支出的增加而增加，这将导致真实工资的上涨。真实工资的上涨意味着消费者当期可支配收入的上升，进而对居民消费产生挤入效应。由此，本文提出财政支出与居民消费之间存在非线性关系的理论假说，并采用马尔科夫向量自回归（MS-VAR）模型从时间路径上实证研究发现，财政支出与居民消费之间的关系为非线性效应，1978—2014 年财政支出对居民消费的非线性影响将财政支出明显分为两个区制，在 1984—1985 年、1988—1989 年和 1993—1996 年的区制一中，财政支出对居民消费的系数估计值为 -0.023，说明财政支出对居民消费有明显的挤出效应。在 1979—1983 年、1986—1987 年、1990—1992 年和 1997—2015 年区制二中，财政支出对居民消费的系数估计值为 0.019，说明财政支出与居民消费之间的互补效应非常微弱，说明这段时期我国积极财政政策对居民消费的拉动效应并不明显，供给和需求存在错配，供给侧结构性改革迫在眉睫，需要通过新的供给创造新的需求，通过新的需求推进新的消费，进而扩大有效需求促进经济的增长。

再次，理论上财政支出对私人投资的影响也大相径庭，最具影响力的支持财政支出不利于私人投资的观点为：财政支出在金融市场上通过资金竞争渠道和利率渠道对私人投资产生挤出效应。与此相反，最为流行的支持财政支出对私人投资有积极作用的观点为：财政支出具有正外部性和乘数效应，能够有效改善私人投资的环境和提高私人投资的边际生产力，并带动国内需求的增加，进而增加私人投资。为了检验哪一种理论更符合现实经济，本书利用马尔科夫向量自回归（MS-VAR）模型研究发现，由模型的非线性检验 LR test 值 18.806 可知财政支出对私人投资存在显著的非线性效应。我国 1982—2014 年私人投资对财政支出的影响明显分为两个区制，在 1987—1997 年的区制一中，财政支出对私人投资的系数估计值为-0.067，说明财政支出对私人投资有明显的挤出效应。在 1982—1986 年和 1998—2015 年区制二中，财政支出对私人投资的系数估计值为 0.043，说明此时财政支出对私人投资具有挤入效应。

最后，财政支出对经济增长、居民消费和私人投资均存在非线性影响，马尔科夫向量自回归（MS-VAR）模型将 1979—2014 年财政支出对经济增长、居民消费和私人投资的影响分为两个区制，这两个区制所对应的时间段在很大程度上是重叠的，进一步分析发现，在 1993—1996 年，财政支出对居民消费和私人投资均为挤出效应，系数估计值分别为-0.023和-0.067。财政支出对经济增长具有微弱的挤入效应，系数估计值为 0.013 且不显著，说明在 1993—1996 年由于财政支出对居民消费和私人投资具有挤出效应，因此财政支出对经济增长的促进作用并不明显且趋近于 0。自邓小平 1992 年南方谈话后，新的改革政策引发了新的一轮投资热，投资需求空前高涨，大批工业生产项目、房地产和股票均成为人们投资的热点，生产资料的上涨推动了物价的上涨，与高通胀相伴的是高货币发行，货币供应量增幅为 35% 以上，从而引发了新一轮的通货膨胀，1993 年、1994 年和 1995 年的通货膨胀率分别为 13.2%、21.7% 和 14.8%。在 2008—2014 年，财政支出对居民消费和私人投资均为挤入效应，系数估计值分别为 0.019 和 0.043。相应地，财政支出促进了经济增长，系数估计值为 0.067。说明 2008—2014 年实施的积极财政政策提供了大量具有正外部性的公共产品和公共服务，为私人投资创造了空前良好的投资环境。同时，财政支出对居民消费的拉动作用也较为明显，从而对经济增长具有较强的促进作用。具体情况如表 7-1 所示。

表 7-1　　　　　　　　　　　马尔科夫区制结果

时间区域	结论
1993—1996 年	财政支出明显挤出居民消费与私人投资，对经济增长有微弱促进作用
2008—2014 年	财政支出微弱地挤入居民消费与私人投资，对经济增长有一定的促进作用

三 财政支出的门槛效应

由于财政支出对经济增长、居民消费和私人投资在时间路径上存在非线性效应，在经济衰退时挤入居民消费和私人投资，明显促进经济增长；在经济过热时挤出居民消费和私人投资，使财政支出对经济增长的促进作用逐步减弱，并趋近于 0。由此可见，财政支出对经济增长的影响并不是单调的挤入或挤出效应，那么挤入效应和挤出效应之间的拐点存在吗？换言之，财政支出与经济增长、居民消费和私人投资之间的关系存在门槛效应吗？为了回答这一问题，本书从理论和实证角度分析财政支出对经济增长、居民消费和私人投资的影响，并利用静态和动态面板门槛模型求解财政支出门槛值。

首先，本书在拉姆齐模型的基础上构建数理模型分析发现财政支出对经济增长、居民消费和私人投资均存在非线性效应，利用传统面板模型和空间面板模型进一步分析发现财政支出与经济增长、居民消费和私人投资之间存在倒 U 形关系，说明财政支出对经济增长、居民消费和私人投资的影响存在门槛效应，当财政支出规模小于门槛值时，财政支出对经济增长、居民消费和私人投资有促进作用；当财政支出规模大于门槛值时，财政支出对经济增长的影响由促进作用逆转为阻碍作用。

其次，通过利用传统面板模型和空间面板模型可知财政支出与经济增长、居民消费和私人投资之间存在倒 U 形关系。那么，必定存在一个由正向拉动作用转为负向阻碍作用的拐点，即存在财政支出的门槛值。为了避免主观判断划分区间所造成的估计偏差和错误，同时考虑到解释变量里含有被解释变量的滞后项，本书借鉴 Kremer（2013）和 Baum（2013）处理动态面板门槛模型的方法求解促进经济增长和居民消费的最优门槛值。结果显示，促进经济增长的财政支出门槛值为 0.249，促进居民消费的财政支出门槛值为 0.191。同时，利用静态面板门槛分析发现财政支出对私人投资的门槛值为 0.314。由稳健性检验可知，财政支出门槛值并不稳定，门槛值会随着模型和样本选择的不同而不同，这是因为地区之间的经济发展情况、自然资源禀赋以及财政支出使用情况等并不相同，因此，不可能存在一个适用于每个国家和地区的财政支出门槛值，地方政府应因地制宜、因时制宜地调整财政支出规模，以促进经济稳定而快速地增长。

再次，财政支出的经济效应不但取决于财政支出的绝对规模，还取决于财政支出的结构，同时，我国独特的财政分权体制和官员考核制度使得财政支出在结构方面呈现出明显的生产性支出偏向的特征。因此，本书利用静态和动态面板门槛模型不仅分析了财政生产性支出与非生产性支出比例的门槛值，还分析了财政经济性支出与非经济性支出比例的门槛值。结果显示，促进经济增长、居民消费和私人投资的财政生产性支出与非生产性支出比例的门槛值分别为 1.307、1.237 和 1.236；促进经济增长、居民消费和私人投资的财政经济性支出与非经济性支出比例的门槛值分别为 0.551、0.564 和 0.541。具体情况如表 7-2 所示。

表 7-2　　　　　　　　　　　　财政支出门槛值结果

门槛值	经济增长	居民消费	私人投资
财政支出门槛值	0.249	0.191	0.314
财政生产性支出与非生产性支出比例的门槛值	1.307	1.237	1.236
财政经济类支出与非经济类支出比例的门槛值	0.551	0.564	0.541

最后，由以上分析可知，我国财政支出对经济增长、居民消费和私人投资的门槛值将财政支出规模分为四个区间，当财政支出规模小于 19.1% 时，财政支出对经济增长、居民消费与私人投资均为促进作用，财政支出规模处于安全区；当财政支出规模位于（19.1%，24.9%）时，财政支出对居民消费的影响由挤入效应变为挤出效应，但由于财政支出对私人投资仍有挤入效应，因此，财政支出在这个区间内对经济增长仍然为促进作用，财政支出规模处于轻警区；当财政支出规模位于（24.9%，31.4%）时，虽然财政支出对私人投资为挤入效应，但财政支出对经济增长和居民消费的促进作用均为挤出效应，财政支出规模处于中警区；当财政支出规模大于 31.9% 时，财政支出对经济增长、居民消费与私人投资均为挤出效应，此时，财政支出规模处于重警区，应注意不能再盲目扩大财政支出的规模。财政生产性支出与非生产性支出比例和财政经济类支出与非经济类支出比例的门槛值相差不大，因此，财政生产性支出与非生产性支出比例的门槛值将财政支出比例分为三个区间，当财政生产性支出与

非生产性支出的比例小于 1.236 时，财政生产性支出与非生产性支出的比例是合理的；当财政生产性支出与非生产性支出的比例位于（1.236，1.307）时，财政支出对居民消费与私人投资挤入效应减弱，此时应该谨慎采取扩大财政生产性支出刺激经济增长的财政政策；当财政生产性支出与非生产性支出的比例大于 1.307 时，不能再扩大财政生产性支出的规模，以免适得其反对经济增长产生阻碍作用。与此相似，笔者认为财政经济类支出与非经济类支出比例的门槛值将财政经济类支出与非经济类支出的比例分为三个区间，当财政经济类支出与非经济类支出的比例小于 0.541 时，财政经济类支出与非经济类支出比例是合理的；当财政经济类支出与非经济类支出的比例位于（0.541，0.564）时，财政支出对经济增长与私人投资的挤入效应减弱，仅对居民消费有促进作用；当财政经济类支出与非经济类支出的比例大于 0.564 时，不能再扩大财政经济类支出的规模，以免适得其反对经济增长产生阻碍作用。具体情况如表 7-3 和表 7-4 所示。

表 7-3　　　　　　　　　　财政支出规模门槛区间

	安全区	轻警区：黄灯	中警区：橙灯	重警区：红灯
财政支出规模	（0，19.1%）	（19.1%，24.9%）	（24.9%，31.4%）	（31.9%，100%）
特征	财政支出对经济增长、居民消费与私人投资均为促进作用	财政支出对居民消费为阻碍作用，但对经济增长和私人投资均有挤入作用	财政支出对经济增长和居民消费均为阻碍作用，仅对私人投资有挤入作用	财政支出对经济增长、居民消费和私人投资均为挤出效应

表 7-4　　　　　　　　　　财政支出比例门槛区间

	安全区	轻警区：黄灯	重警区：红灯
财政生产性支出与非生产性支出的比例	小于 1.236	（1.236，1.307）	大于 1.307
财政经济类支出与非经济类支出的比例	小于 0.541	（0.541，0.564）	大于 0.564

第二节　研究展望

　　财政支出非线性效应的存在性研究、传导机制研究与影响因素研究是一项复杂而具有挑战性的工作，本书仅从理论和实证角度检验了财政支出及其结构对经济增长的影响存在非线性效应，延续本书的研究还需要进行进一步的深入论证与完善。具体包括：

第一，本书研究发现财政支出及其结构对经济增长存在非线性效应，但并未对产生非线性效应的原因和作用机制进行进一步的分析和解释。如果能从供给和需求两方面分析影响财政政策非线性的原因，比如从劳动力市场的角度分析财政支出和税收的调整所引起失业率和实际工资变化对财政支出非线性效应的影响，以及从初始财政条件（赤字变化幅度和财政支出变化幅度）分析财政支出产生非线性效应的原因，将增强政策建议的精确性和针对性。

第二，不同融资方式（税收和债务）对财政支出经济效应的影响并不一致，因此不同融资方式和融资途径会通过特定的机制来影响财政支出对经济发展的效应。今后的研究中将考虑构建动态随机一般均衡模型并进行数值模拟讨论不同融资方式对财政支出经济效果的影响，以加深对财政支出经济效应的理解。

第三，本书实证数据来源于宏观经济数据，主要从宏观角度对财政支出与经济增长的关系进行探讨，但财政支出及其结构的影响也会体现在微观层面，希望未来能通过实际调研从微观角度研究财政支出对经济增长的影响。

本书将在未来相关研究中对上述问题展开进一步的研究，使之对实践形成更具价值的指导。

参考文献

[1] Alesina, Alberto, F.R.Campante, and G.Tabellini, "Why is Fiscal Policy Often Procyclical?".*Journal of the European Economic Association*, 6.5 (2008).

[2] Joshua Aizenman, and Reuven Glick, "Sterilization, Monetary Policy, and Global Financial Integration." *Review of International Economics*, 17.4 (2009).

[3] Angelopoulos, Konstantinos, A. Philippopoulos, and E. Tsionas, "Does Public Sector Efficiency Matter? Revisiting the Relation between Fiscal Size and Economic Growth in a World Sample." *Public Choice* 137. 1 − 2 (2008).

[4] Arrow, Kenneth Joseph, and M. Kurz, "Public Investment, The Rate of Return, and Optimal Fiscal Policy." *Journal of Finance* 26.4 (2011).

[5] Aschauer, D., "Is public expenditure productive? Journal of Monetary Economics 23: 177." *Journal of Monetary Economics* 23. 89 (1989).

[6] Aschauer, David Alan, "Do states optimize? Public capital and economic growth." *Annals of Regional Science* 34.3 (2000).

[7] Barro, R. J., "Government Spending in a Simple Endogenous Growth Model,".*Journal of Political Economy* 98.5 (1990).

[8] Barro, R.J., "Public Finance in Models of Economic Growth." *Review of Economic Studies* 59.4 (1992).

[9] Barro, R.J., "Inflation and Economic Growth". *Cema Working Papers*, 2012, 12 (9).

［10］ Baum, Anja, C.Checherita-Westphal, and P.Rother, "Debt and growth: New evidence for the euro area." *Journal of International Money & Finance* 32.1 （2013）.

［11］ Baxter M, King R.G., "Fiscal policy in general equilibrium". *American Economic Review*, 1993, 83 （3）.

［12］ Baltagi B., "*Econometric Analysis of Panel Data*".John Wiley & Sons, 2008.

［13］ Beare, JohnB. andR. B. Thakkar, "*Optimal Government Bond Finance*" *Journal of Macroeconomics* 10.2 （1988）.

［14］ Biswas, Basudeb, and R.Ram, "Military Expenditures and Economic Growth in Less Developed Countries: An Augmented Model and Further Evidence." *Economic Development & Cultural Change* 34.2 （1986）.

［15］ Bosworth, Barry, and S.M.Collins, "Accounting for Growth: Comparing China and India." *Nber Working*.

［16］ Mehmet Caner, and Hansen, "Threshol Autoregression with a Unit Root." Econometrica 69.6 （2001）.

［17］ Caner, Mehmet, and B.E.Hansen, "Instrumental Variable Estimation of a Threshold Model." Econometric Theory 20.*General Information* 20.5 （2004）.

［18］ Caner, Mehmet, and T.J.Grennes, "Finding the Tipping Point-When Sovereign Debt Turns Bad." *Social Science Electronic Publishing* 5391 （2010）.

［19］ Cecchetti, Stephen G, M.S.Mohanty, and F.Zampolli, "The Real Effects of Debt." *Social Science Electronic Publishing* 68.3 （2011）.

［20］ Chabris, Christopher F., et al., "Individual laboratory-measured discount rates predict field behavior." *Journal of Risk & Uncertainty* 37.2 − 3 （2008）.

［21］ Chan, K.S., "Consistency and Limiting Distribution of the Least Squares Estimator of a Threshold Autoregressive Model." *Annals of Statistics*21. 1 （1993）.

［22］ Checcherita-Westphal, Cristina, and P.Rother,"The impact of high government debt on economic growth and its channels: An empirical investigation for the euro area." *European Economic Review*56.7 （2012）.

［23］ Reiss, Lukas, "Fiscal sustainability using growth-maximizing debt targets." *Applied Economics* 46.6 （2014）.

［24］ Chortaleas, D.K.and Uctum, G.A., "*Nonlinear Approach to Public Finance Sustainability in Latin American Emerging Markets*". University of Essex, Working Paper, No.8, 2004.

［25］ Conte, Michael A., and A.F.Darrat, "Economic Growth and the Expanding Public Sector: A Reexamination." *Review of Economics & Statistics* 70.2 （1988）.

［26］ Cordella, Tito, L.A.Ricci, and M.Ruizarranz, "Debt Overhang or Debt Irrelevance? Revisiting the Debt-Growth Link." *Imf Working Papers*05.223 （2005）.

［27］ Dang V.A, Kim M, Shin Y., "*Asymmetric Capital Structure Adjustments: New Evidence from Dynamic Panel Threshold Models*".Journal of Empirical Finance, 2012, 19 （4）.

［28］ Dar, Atul A, and S.Amirkhalkhali, "Government size, factor accumulation, and economic growth: evidence from OECD countries." *Journal of Policy Modeling* 24.7-8 （2002）.

［29］ Davies R.B., "*Hypothesis Testing When a Nuisance Parameter is Present Only Under the Alternative*".Biometrika.1987.74 （1）.

［30］ Démurger, Sylvie, "Infrastructure Development and Economic Growth: An Explanation for Regional Disparities in China?." *Journal of Comparative Economics* 29.1 （2001）.

［31］ Devarajan, Shantayanan, V.Swaroop, and H.F.Zou, "The composition of public expenditure and economic growth." *Cema Working Papers*37.2 （1996）.

［32］ Égert, Balázs, "The 90% public debt threshold: the rise and fall of a stylized fact." *Ssrn Electronic Journal* 47.34-35 （2013）.

[33] Glomm, Gerhard, and B.Ravikumar, "Public investment in infra-structure in a simple growth model." *Journal of Economic Dynamics & Control*18.6 (2004).

[34] Greiner, Alfred,"Debt and Growth: Is There a Non-Monotonic Re-lation?." *Ssrn Electronic Journal* 33 (2013).

[35] Grossman, Philip J., "GROWTH IN GOVERNMENT AND ECO-NOMIC GROWTH: THE AUSTRALIAN EXPERIENCE." *Australian Economic Papers* 27.50 (2010).

[36] Guilloux, S., "*Some Preliminary Evidence on the Globalization-In-flation Nexus.*" Banque de France, 2008.

[37] Griffith, Daniel A., and J.H.P.Paelinck., "*Non-standard Spatial Statistics and Spatial Econometrics.*" Springer Berlin Heidelberg, 2011.

[38] Hansen, Bruce E., "*Inference When a Nuisance Parameter is Not I-dentified Under the Null Hypothesis.*" University of Rochester-Center for Economic Research (RCER), 2012.

[39] Hansen B.E., "*Sample Splitting and Threshold Estimation*".Econo-metrica, 2000, 68 (3).

[40] Harris, Milton, and A.Raviv, "The Theory of Capital Structure." *Journal of Finance* 46.1 (1991).

[41] Herndon, Thomas, M.Ash, and R.Pollin,"Does high public debt consistently stifle economic growth? A critique of Reinhart and Rogoff." *Cambridge Journal of Economics* 38.2 (2014).

[42] Schiantarelli, Fabio, and X.Hu, "Investment and Capital Market Imperfections: A Switching Regression Approach Using U.S.Firm Panel Data." *Review of Economics & Statistics*80.80 (2006).

[43] Kormendi R. C, Meguire P., "*Government Debt, Government Spending, and Private-Sector Behavior: Reply*".American Economic Review, 1995, 85 (5).

[44] Kremer, Stephanie, A.Bick, and D.Nautz, "Inflation and growth: new evidence from a dynamic panel threshold analysis." *Empirical Economics*44.2

（2013）.

［45］Kumar M.S, Woo J., "Public Debt and Growth".*Social Science E-lectronic Publishing*, 2010, 47 （4）.

［46］Landau, Daniel, "Government and Economic Growth in the Less Developed Countries: An Empirical Study for 1960—1980." *Economic Development & Cultural Change* 35.1 （1986）.

［47］Levine, Ross E., and D.Renelt, "A Sensitive Analysis of Cross-Country Growth Regressions".*American Economic Review* 82.4 （1992）.

［48］Shalishali, Maurice K., "Dynamics of national debt accumulation and economic performance." *Journal of Economics & Economic Education Research* 9.1 （2008）.

［49］Minea, Alexandru, and A.Parent, "Is High Public Debt Always Harmful to Economic Growth? Reinhart and Rogoff and Some Complex Nonlinearities." *Working Papers* （2012）.

［50］Nelson, Michael A., and R.D.Singh, "The Deficit-Growth Connection: Some Recent Evidence from Developing Countries." *Economic Development & Cultural Change* 43.1 （1994）.

［51］Panizza, Ugo, and A.F.Presbitero, "Public Debt and Economic Growth in Advanced Economies: A Survey." *Andrea Presbitero* 149.II （2013）.

［52］Pattillo C A, Poirson H, Ricci L A., "External debt and growth." *International Monetary Fund*, 2002.

［53］Ram, Rati, "Government Size and Economic Growth: A New Framework and Some Evidence from Cross-Section and Time-Series Data." *American Economic Review* 76.1 （1986）.

［54］Reinhart, Carmen, and K.S.Rogoff, "Growth in a Time of Debt." *American Economic Review* 100.2 （2010）.

［55］Roodman, David Malin, "How to Do xtabond2: An Introduction to" Difference "and" System "GMM in Stata." 9.1 （2009）.

［56］Kalemli-Ozcan, Sebnem, H.E.Ryder, and D.N.Weil, "Mortality decline, human capital investment, and economic growth." *Journal of Devel-*

opment Economics 62.1（2000）.

［57］ Siddiqui，Rehana，and A. Malik，"Debt and Economic Growth in South Asia." *Pakistan Development Review* 40.4（2001）.

［58］布坎南：《公共财政与公共选择》，中国财政经济出版社 2000 年版。

［59］陈共：《财政学》，中国人民大学出版社 2012 年版。

［60］陈浪南、杨子晖：《中国财政支出和融资对私人投资挤出效应的经验研究》，《世界经济》2007 年第 1 期。

［61］陈静、倪鹏：《主权政府债务规模影响因素的传导路径及定量分解》，《世界经济研究》2012 年第 4 期。

［62］陈凯、席晶：《中国经济转型期财政支出对城镇居民消费的影响——基于 1997—2009 年省际面板数据的实证分析》，《经济经纬》2012 年第 6 期。

［63］陈高、王朝才：《中国地方财政支出与经济增长关系研究——基于 1990—2012 年省际数据的线性混合模型分析》，《财政研究》2014 年第 8 期。

［64］陈强：《高级计量经济学及 Stata 应用》，高等教育出版社 2010 年版。

［65］程丹宇、龚六堂：《政府债务对经济增长的影响及作用渠道》，《数量经济技术经济研究》2014 年第 12 期。

［66］储德银、闫伟：《财政支出的民生化进程与城乡居民消费——基于 1995—2007 年省级面板数据的经验分析》，《山西财经大学学报》2010 年第 1 期。

［67］邓明：《财政支出、支出竞争与中国地区经济增长效率》，《财贸经济》2013 年第 10 期。

［68］董秀良、薛丰慧、吴仁水：《我国财政支出对私人投资影响的实证分析》，《当代经济研究》2006 年第 5 期。

［69］董敏杰、梁泳梅：《1978—2010 年的中国经济增长来源：一个非参数分解框架》，《经济研究》2013 年第 5 期。

［70］方红生、张军：《中国地方政府扩张偏向的财政行为：观察与

解释》,《经济学:季刊》2009 年第 3 期。

[71] 方红生、张军:《中国地方政府竞争、预算软约束与扩张偏向的财政行为》,《经济研究》2009 年第 12 期。

[72] 方红生、张军:《中国财政政策非线性稳定效应:理论和证据》,《管理世界》2010 年第 2 期。

[73] 方红生、郭林:《中国财政政策对居民消费的非线性效应:理论和实证》,《经济问题》2010 年第 9 期。

[74] 方红生:《中国式分权、内生的财政政策与宏观经济稳定》,上海人民出版社 2010 年版。

[75] 傅勇、张晏:《中国式分权与财政支出结构偏向:为增长而竞争的代价》,《管理世界》2007 年第 3 期。

[76] 傅勇:《中国的分权为何不同:一个考虑政治激励与财政激励的分析框架》,《世界经济》2008 年第 11 期。

[77] 龚六堂:《公共财理论》,北京大学出版社 2009 年版。

[78] 高培勇:《"量入为出"与"以支定收"——关于当前财政收入增长态势的讨论》,《财贸经济》2001 年第 3 期。

[79] 高培勇:《奔向公共化的中国财税改革——中国财税体制改革 30 年的回顾与展望》,《财贸经济》2008 年第 11 期。

[80] 高培勇:《公共财政:概念界说与演变脉络——兼论中国财政改革 30 年的基本轨迹》,《经济研究》2008 年第 12 期。

[81] 高培勇:《由适应市场经济体制到匹配国家治理体系——关于新一轮财税体制改革基本取向的讨论》,《财贸经济》2014 年第 3 期。

[82] 高培勇:《论国家治理现代化框架下的财政基础理论建设》,《中国社会科学》2014 年第 12 期。

[83] 高军、刘博敏:《财政支出可以长期促进经济增长吗——基于省级面板数据的协整分析》,《宏观经济研究》2013 年第 6 期。

[84] 郭庆旺、贾俊雪:《中国潜在产出与产出缺口的估算》,《经济研究》2004 年第 5 期。

[85] 郭庆旺、贾俊雪:《财政投资的经济增长效应:实证分析》,《财贸经济》2005 年第 4 期。

［86］郭庆旺、贾俊雪：《政府公共资本投资的长期经济增长效应》，《经济研究》2006 年第 7 期。

［87］郭庆旺、贾俊雪：《地方政府行为、投资冲动与宏观经济稳定》，《管理世界》2006 年第 5 期。

［88］郭庆旺、贾俊雪：《地方政府间策略互动行为、财政支出竞争与地区经济增长》，《管理世界》2009 年第 10 期。

［89］郭步超、王博：《政府债务与经济增长：基于资本回报率的门槛效应分析》，《世界经济》2014 年第 9 期。

［90］贡慧、陈建安：《日本财政支出的经济增长效应及启示》，《当代财经》2012 年第 2 期。

［91］何代欣：《主权债务适度规模研究》，《世界经济》2013 年第 4 期。

［92］胡书东：《中国财政支出和民间消费需求之间的关系》，《中国社会科学》2002 年第 6 期。

［93］胡翠、许召元：《对外负债与经济增长》，《经济研究》2011 年第 2 期。

［94］胡永刚、郭新强：《内生增长、政府生产性支出与中国居民消费》，《经济研究》2012 年第 9 期。

［95］计志英：《基于内生经济增长理论的中国地方政府最优规模估计》，《南方经济》2006 年第 7 期。

［96］贾康、赵全厚：《国债适度规模与我国国债的现实规模》，《经济研究》2000 年第 10 期。

［97］贾俊雪、郭庆旺：《政府间财政收支责任安排的地区经济增长效应》，《经济研究》2008 年第 6 期。

［98］贾俊雪、余芽芳、刘静：《地方财政支出规模、支出结构与区域经济收敛》，《中国人民大学学报》2011 年第 3 期。

［99］贾俊雪：《中国财政分权、地方政府行为与经济增长》，中国人民大学出版社 2015 年版。

［100］孔祥利：《政府公共支出与经济增长相关性的实证分析——利用斜率关联模型求解的一种新方法》，《人文杂志》2005 年第 2 期。

［101］李国柱、马树才：《政府规模与经济增长：基于中国的经验研究》，《统计与决策》2007 年第 3 期。

［102］李春琦、唐哲一：《财政支出结构变动对私人消费影响的动态分析——生命周期视角下财政支出结构需要调整的经验证据》，《财经研究》2010 年第 6 期。

［103］李建强：《我国财政支出结构与居民消费异质性动态关系》，《山西财经大学学报》2012 年第 1 期。

［104］李刚、冯夏琛、王璐璐：《公共债务能够促进经济增长吗?》，《世界经济研究》2013 年第 2 期。

［105］林毅夫：《中国的经济增长收敛与收入分配》，《世界经济》2003 年第 8 期。

［106］林细细、龚六堂：《中国债务的福利损失分析》，《经济研究》2007 年第 1 期。

［107］刘尚希：《财政风险：从经济总量角度的分析》，《管理世界》2005 年第 7 期。

［108］刘金林：《基于经济增长视角的政府债务合理规模研究：来自 OECD 的证据》，《经济问题》2013 年第 12 期。

［109］刘洪钟、杨攻研、尹雷：《政府债务、经济增长与非线性效应》，《统计研究》2014 年第 4 期。

［110］吕志华：《持续增长条件下的最优财政支出结构研究——基于我国省际面板数据的测算》，《中央财经大学学报》2012 年第 4 期。

［111］连玉君、程建：《不同成长机会下资本结构与经营绩效之关系研究》，《当代经济科学》2006 年第 2 期。

［112］马栓友：《政府规模与经济增长：兼论中国财政的最优规模》，《世界经济》2000 年第 11 期。

［113］马树才、孙长清：《经济增长与最优财政支出规模研究》，《统计研究》2005 年第 1 期。

［114］马斯格雷夫：《财政理论与实践》，中国财政经济出版社 2003 年版。

［115］孟奎：《财政支出对城乡居民消费影响的实证分析》，《统计与

决策》2012 年第 18 期。

[116] 齐福全：《财政支出与经济增长关系的实证分析——以北京市为例》，《经济科学》2007 年第 3 期。

[117] 齐志强、康春鹏：《中国经济增长来源实证研究——基于对细分的信息产业、资本投入、劳动投入与全要素生产率的分析》，《工业技术经济》2013 年第 2 期。

[118] 齐红倩、席旭文、庄晓季：《公共债务对经济增长影响的非线性特征——基于 PSTR 模型的国际经验分析》，《世界经济研究》2015 年第 6 期。

[119] 钱海燕、李俊杰：《我国地方政府债券的"挤入效应"与规模控制》，《财政研究》2013 年第 2 期。

[120] 邱栎桦、伏润民、李帆：《经济增长视角下的政府债务适度规模研究——基于中国西部 D 省的县级面板数据分析》，《南开经济研究》2015 年第 1 期。

[121] 邱栎桦、伏润民：《财政分权、政府竞争与地方政府债务——基于中国西部 D 省的县级面板数据分析》，《财贸研究》2015 年第 3 期。

[122] 沈坤荣、付文林：《中国的财政分权制度与地区经济增长》，《管理世界》2005 年第 1 期。

[123] 沈体雁：《空间计量经济学》，北京大学出版社 2010 年版。

[124] 帅雯君、董秀良、胡淳：《我国财政支出挤入挤出效应的动态时间路径分析——基于 MS-VECM 的实证检验》，《财经研究》2013 年第 9 期。

[125] 孙正：《财政支出结构与规模对收入分配及经济增长的影响》，《财经科学》2014 年第 7 期。

[126] 马海涛、李升：《对分税制改革的再认识》，《税务研究》2014 年第 1 期。

[127] 王文剑、覃成林：《地方政府行为与财政分权增长效应的地区性差异——基于经验分析的判断、假说及检验》，《管理世界》2008 年第 1 期。

［128］王立勇、刘文革：《财政政策非线性效应及其解释——兼论巴罗-格罗斯曼宏观一般非均衡模型在中国的适用性》，《经济研究》2009年第7期。

［129］王立勇、高伟：《财政政策对私人消费非线性效应及其解释》，《世界经济》2009年第9期。

［130］王立勇、毕然：《财政政策对私人投资的非线性效应及其解释》，《统计研究》2014年第11期。

［131］王立勇、亓欣、赵洋：《基于全口径政府债务率数据的我国最优债务率估算》，《经济理论与经济管理》2015年第2期。

［132］汪勇、赵昕东：《财政支出对居民消费影响的差异性研究——基于城乡与商品的视角》，《宏观经济研究》2014年第8期。

［133］武晓利、晁江锋：《财政支出结构对居民消费率影响及传导机制研究——基于三部门动态随机一般均衡模型的模拟分析》，《财经研究》2014年第6期。

［134］吴玉鸣：《旅游经济增长及其溢出效应的空间面板计量经济分析》，《旅游学刊》2014年第2期。

［135］吴玉鸣：《空间计量经济模型在省域研发与创新中的应用研究》，《数量经济技术经济研究》2006年第5期。

［136］吴玉鸣、徐建华：《中国区域经济增长集聚的空间统计分析》，《地理科学》2004年第6期。

［137］杨苜、刘淼：《Armey曲线与中国最优财政支出规模》，《黑龙江社会科学》2008年第3期。

［138］杨友才、赖敏晖：《我国最优财政支出规模——基于门槛回归的分析》，《经济科学》2009年第2期。

［139］杨子晖：《政府消费与居民消费：期内替代与跨期替代》，《世界经济》2006年第8期。

［140］杨子晖：《政府消费与私人消费的期内替代和跨期替代——来自亚洲国家的面板协整分析》，《统计研究》2006年第8期。

［141］杨子晖、温雪莲、陈浪南：《政府消费与私人消费关系研究：基于面板单位根检验及面板协整分析》，《世界经济》2009年第11期。

［142］杨子晖：《政府规模、财政支出增长与经济增长关系的非线性研究》，《数量经济技术经济研究》2011 年第 6 期。

［143］杨子晖：《政府债务、政府消费与私人消费非线性关系的国际研究》，《金融研究》2011 年第 11 期。

［144］易行健、刘胜：《欧盟国家财政支出对居民消费行为影响的实证检验：1996—2009》，《国际经贸探索》2013 年第 9 期。

［145］尹恒、叶海云：《政府债务挤出私人投资：国际证据》，《统计研究》2006 年第 10 期。

［146］尹恒、叶海云：《政府债务规模的国际比较及决定因素研究》，《世界经济文汇》2006 年第 5 期。

［147］曾娟红、赵福军：《促进我国经济增长的最优财政支出结构研究》，《中南财经政法大学学报》2005 年第 4 期。

［148］张晏、龚六堂：《分税制改革、财政分权与中国经济增长》，《经济学季刊》2005 年第 10 期。

［149］张明喜、陈志勇：《促进我国经济增长的最优财政支出规模研究》，《财贸经济》2005 年第 10 期。

［150］张治觉、侯奔、姚传飞：《经济增长与财政支出的最优规模——基于国家效用函数的研究》，《统计与决策》2007 年第 22 期。

［151］张淑翠：《我国财政支出对经济增长非线性效应——基于省级面板数据的平滑转移模型实证分析》，《财经研究》2011 年第 8 期。

［152］张健华、王鹏：《中国全要素生产率：基于分省份资本折旧率的再估计》，《管理世界》2012 年第 10 期。

［153］张义博：《财政支出及其结构的经济效应：国外研究评述》，《经济评论》2012 年第 2 期。

［154］张启迪：《政府债务对经济增长的影响存在阈值效应吗——来自欧元区的证据》，《南开经济研究》2015 年第 3 期。

［155］张勇、古明明：《公共投资能否带动私人投资：对中国公共投资政策的再评价》，《世界经济》2011 年第 2 期。

［156］周业安、章泉：《财政分权、经济增长和波动》，《管理世界》2008 年第 3 期。

　　［157］李子奈：《高级应用计量经济学》，清华大学出版社 2012
年版。

　　［158］郑群峰、王迪：《中国政府投资挤出（挤入）效应空间计量研
究》，《财贸研究》2011 年第 3 期。